10대에 꼭 해야 할 31가지 도전
진로탐색 교과과정과 연계한 흥미진진한 모험

* 본문에 사용된 이미지는 생성형 AI(제미나이)의 도움을 받아 제작되었습니다.

교육부 창의적
체험활동·교과과정
연계 진로탐색
프로젝트

문중호 지음

10대에
꼭 해야 할
31가지
도전

 유아이북스

여러분에게 전하는 마음

안녕하세요, 여러분!

오랜 시간 교육 현장에서 수많은 10대들을 만나오면서 항상 가슴이 뛰는 순간이 있어요. 그것은 교사로서 그들 안에 무한한 가능성이 숨어 있음을 알아차리게 될 때에요.

하지만 많은 학생들이 이런 말을 해요. "저는 특별한 면이 없어요.", "저는 무엇을 해야 할지 모르겠어요.", "다른 친구들은 다 잘하는데 저만 못하는 것 같아요." 그럴 때마다 안타까운 마음이 들어요. 여러분이 얼마나 소중하고 특별한 존재인지 모르고 있으니까요.

10대라는 시간은 정말 특별해요. 어른들이 가장 부러워하는 시기이기도 하죠. 실패해도 다시 일어설 수 있는 시간이 충분하고, 새로운 것에 도전할 수 있는 용기와 에너지가 넘치는 시기예요. 무엇보다 꿈을 꾸고 그 꿈을 향해 달려갈 수 있는 아름다운 시간이에요.

이 책은 그런 여러분을 위해 정성껏 준비한 선물이에요. 31가지 도전을 통해 여러분이 자신의 진짜 모습을 발견하고, 숨어있던 재능을 찾아내고, 소중한 추억을 만들어가길 바라는 마음으로 썼어요.

모든 도전을 다 할 필요는 없어요. 여러분의 마음에 드는 것부터 천천히 시작해보세요. 중요한 것은 완벽하게 하는 것이 아니라 용기를 내어 시작하는 거예요. 실패해도 괜찮아요. 그 실패조차 여러분을 성장시켜줄 소중한 경험이 될 테니까요.

여러분을 믿어요. 여러분 안에 있는 무한한 가능성을 믿고, 여러분이 만들어갈 아름다운 미래를 믿어요. 이제 함께 떠나볼까요? 여러분만의 특별한 모험을!

목차

Part 2
"창조하는 나" – 창의력을 키우는 시간

Part 3
"함께하는 나" - 관계와 추억 만들기

Part 4.
"성장하는 나" - 성장과 습관 만들기

활용 팁

학교 수업과 연계하여 과제나 프로젝트로 활용해보세요.
창의적 체험활동 시간에 친구들과 함께 도전해보세요.
방학 중 자기주도학습 활동으로 실천해보세요.

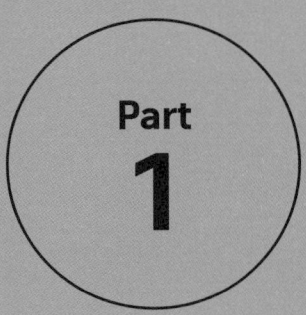

Part

1

"나는 누구일까?"

– 자신을 발견하는 여행 –

"거울을 보면서 '나는 누구일까?'라고 생각해본 적이 있나요? 괜찮아요. 모르는 것이 당연해요. 지금부터 진짜 여러분을 찾아가는 소중한 여행을 시작해봐요."

10대만 가능한
31가지 도전

나만의 인생 슬로건 정하고
미래의 꿈 그려보기

도전
1

난이도 ★★★☆☆ | 예상 소요시간 1주일

[연계] 초2 슬기로운생활 · 초5 실과(진로탐색) · 중 도덕(자신과의 관계) · 고 기술가정 ·
초중고 창의적 체험활동(진로)

여러분도 이런 경험이 있나요?

새 학기가 시작되면 꼭 받는 질문이 있어요. "장래희망이 뭐예요?"
그럴 때마다 여러분은 어떻게 대답하나요? "의사요.", "선생님이요."라
고 자신 있게 말하는 친구도 있어요. 하지만 "아직 잘 모르겠어요"라
고 말하는 친구들이 많아요.

사실 이 질문에 명확하게 답하기는 어려워요. 어른들도 마찬가지
예요. 하지만 중요한 것은 정답을 찾는 것이 아니라 자신만의 방향을

정해보는 거예요.

"의식적인 목표가 없다면 어떻게 해야 할지 몰라 좌충우돌하며 혼돈에 빠지고 만다"라는 말이 있어요. 10대를 흔히 질풍노도의 시기라고들 말하는 이유도 여기에 있어요. 아직 경험도 부족하고 지혜와 안목도 부족할 수밖에 없으니까요.

그래서 더욱 명확한 목표의식이 필요해요. 자기만의 목표를 세우고 도전하다보면 나름의 성취감을 맛볼 수 있고, 자신감도 싹트거든요.

성공한 사람들의 이야기

아이유는 중학생 시절에 가수로서의 목표를 세우고 도전했어요. 당돌하게! 저돌적으로! 그리고 마침내 세계적인 스타가 되었어요.

빌 게이츠는 13살 때 컴퓨터에 흥미를 갖게 되어 프로그래머라는 목표를 가지고 몰두했어요. 그 결과는 이미 여러분이 아시는 바예요.

박지성은 초등학교 시절부터 축구 국가대표라는 목표를 가지고 도전했어요. 매일 일기장을 꿈과 목표로 채워가며 꿈을 키웠어요.

존 고든은 15살 때 120여 가지 목표를 가졌고 대부분 성취했어요.

나만의 슬로건 만들기 대작전

1단계. 마음을 움직이는 문장 찾기

슬로건은 나를 나타내는 짧고 강렬한 문장이에요. 그렇다고 해서 너무 진지하거나 어렵게 생각할 필요는 없어요. 먼저 여러분이 감명받았던 문장을 떠올려 보세요.

스티브 잡스의 슬로건을 알고 있나요?

'Stay hungry, stay foolish(항상 갈망하고, 항상 바보처럼 살아라).'

그는 이 슬로건처럼 끝없이 도전하고 실패를 두려워하지 않았어요. 결국 애플의 성공신화를 일구어냈어요.

마틴 루터 킹 주니어는 이렇게 말했어요.

"I have a dream(나는 꿈이 있다)."

이것은 그의 삶에 강력한 원동력이 되어 주었어요. 연설을 통해 수많은 사람에게 영감을 주었고, 결국 미국과 전세계에 큰 영향을 미쳤어요.

한 기업가는 이런 슬로건을 가지고 있었어요.

'세상은 넓고 할 일은 많다.'

그는 이 슬로건대로 세계를 무대로 왕성하게 일했고 많은 성과를 이룰 수 있었어요.

여러분도 자신에게 딱 맞는 문장들을 찾아보세요. 좋아하는 영화 대사나 노래 가사도 괜찮아요. 아니면 나만의 문장을 만들어도 좋아요. 예를 들어,

'시작은 미약해도 끝은 창대하리라.'

'내가 선택하는 길이 곧 내 인생이다.'

'내일은 오늘보다 조금만 더 나아지자.'

현재의 나에게 영감을 주고, 보고 들을 때 설렘을 줄 수 있다면 무

엇이든 최고의 슬로건이 될 수 있어요.

2단계. 미래 목표 정하기

슬로건이 정해졌다면, 이제 그것이 지향하는 미래 목표를 설정해야 해요. 유명인들의 사례를 보면, 이 목표는 굳이 거창할 필요가 없어요. 작은 목표도 모이면 결국 큰 성공이 되거든요.

일론 머스크는 '인류를 다른 행성으로 보내는 것'이라는 거창한 목표를 세웠어요. 이렇게 살짝 의문의 물음표가 붙어도 좋아요. 중요한 것은 '내가 진짜 하고 싶은 일'을 적는 거예요.

큰 목표가 정해졌다면 그것을 이룰 수 있도록 도와주는 작은 목표들도 생각해봐야겠죠? 예를 들어 '한강 작가처럼 작가가 되어 노벨문학상 수상하기'라는 목표가 있다면, '한 달에 한 번 글쓰기 대회 참가하기', '매일 5~10분 가벼운 글쓰기', '좋아하는 작가의 책 매주 한 권 읽기'라면 도움이 되겠죠?

내가 실천할 수 있는 수준으로 계획하는 것이 중요해요. 더 작고 구체적인 목표도 있어요. '매일 2줄 쓰기', '읽은 책에서 새로운 단어 3개를 찾아 짧은 문장 만들기', '매일 한 문장 여러 번 필사하기' 이렇게 작은 목표를 실행하다 보면 어느새 내가 정한 큰 목표가 성취되어 있을 거예요.

3단계. 슬로건과 목표로 동기부여하기

슬로건과 목표는 항상 눈에 보이는 곳에 두는 것이 중요해요. 우리를 움직이게 하는 것은 상당 부분 잠재의식이거든요. 오프라 윈프리는 자신의 꿈과 목표를 적은 메모를 거울에 붙여두었다고 해요. 매일 그것을 볼 때마다 스스로에게 동기부여했어요.

여러분도 벽에 포스트잇으로 슬로건과 목표를 적어보세요. 스마트폰 배경화면에 넣어도 좋아요. 하루에도 몇 번씩은 보고 또 보고를 반복하겠죠? 자연스럽게 기억이 돼요. 하루에 한 번 다이어리나 노트에 기록한 후 실천을 다짐하는 것도 좋아요.

4단계. 실패해도 다시 시작하기

슬로건을 정하고 목표를 세웠더라도 얼마든지 실패할 수 있어요. 하지만 괜찮아요. 실패는 과정일 뿐이니까요. 에디슨은 전구를 발명하기까지 수천 번 실패했어요. 하지만 이렇게 말했어요.

"나는 실패한 게 아니라, 작동하지 않는 방법을 하나 더 발견한 것이다."

중요한 것은 다시 도전하는 거예요. 오늘 목표를 못 이뤘더라도, 내일 다시 도전하면 돼요. 슬로건도, 목표도 절대적인 것은 아니거든요. 필요와 상황에 따라 얼마든지 수정 가능한 거예요.

이 도전을 통해 얻을 수 있는 것들

- 자신만의 인생 방향을 갖게 돼요.
- 목표를 세우는 능력이 생겨요.
- 자신감이 올라가요.

- 미래에 대한 막연한 불안이 줄어들어요.

- 삶의 주인이 되는 경험을 해요.

슬로건을 정하고 미래를 계획하는 것은 내가 삶의 주인이 되어보는 좋은 경험이에요. 시작해 보세요. '내 인생의 슬로건은 무엇일까?' 고민하는 순간 이미 여러분은 그 첫 발을 내딛는 거예요.

다음 도전으로는 이제 슬로건이 생겼으니, 여러분만의 특별한 강점을 찾아볼 시간이에요!

나만의 특별한 강점 찾기

도전 **2**

난이도 ★★★★☆ | **예상 소요시간** 2–3주일

[연계] 초2 바른생활 · 초3 도덕(자기 탐구) · 초중고 창의적 체험활동(진로)

여러분도 이런 생각을 해본 적이 있나요?

'굼벵이도 구르는 재주가 있어야 산다'라는 말 들어본 적 있나요?

사실 굼벵이가 재주가 많아서가 아니에요. 딱 하나, 구르는 것. 그

한 가지에 집중하기 때문이에요. 그렇게라도 한 가지 확실한 무기를 가진 생명체는 살아남는다는 말이에요.

반대로 '오지랖이 넓다'라는 말도 있어요. 조금은 웃기지만 뼈가 있는 말이에요. 이것 저것 다 관여하느라 정작 자기 일에는 집중하지 못하는 사람들을 말해요. 겉으로는 유능해 보이지만 실속이 없는 사람이에요.

옛말에 '한 우물을 파라'라는 말이 있어요. 이 말은 절대 다른 것들을 하지 말라는 뜻이 아니에요. 자신의 강점을 찾고, 그것에 진심을 담아 집중하라는 뜻이에요.

한 학생의 발견 이야기

한 학생이 있었어요. 중학교 때 완전 게임 덕후였어요. 하루에 8시간씩 게임을 했고, 부모님은 매일 잔소리했어요. "어떻게 게임만 하니?", "공부 좀 해라!", "도대체 뭐가 되려고 그래?"

그런데 그 학생에게는 남들과 다른 점이 있었어요. 게임을 하면서 항상 '이 게임은 왜 이렇게 만들었을까?', '여기서 이렇게 바꾸면 더 재미있을 텐데.'라고 생각했어요. 그리고 실제로 게임 모드를 만들어서 친구들과 공유하기 시작했어요.

고등학교 1학년 때, 그 학생은 자신만의 작은 게임을 만들어서 앱 스토어에 올렸어요. 처음엔 다운로드가 10회도 안 됐지만, 포기하지 않고 계속 업데이트했어요. 6개월 후, 그 게임이 갑자기 인기를 끌기 시작했고, 1년 후에는 100만 다운로드를 돌파했어요.

지금 그 학생은 대학에서 컴퓨터공학을 전공하면서 게임 개발 회사에서 인턴으로 일하고 있어요. 그의 강점은 '게임을 잘하는 것'이 아니라 '게임을 분석하고 개선점을 찾는 것'이었던 거예요.

강점이 왜 중요할까요?

게리 켈러와 제이 파파산이 쓴 《The One Thing》이라는 책에서는 복잡한 세상을 돌파하는 가장 강력한 무기로 '단 하나의 집중'을 이야기하고 있어요.

에디슨의 '한 가지'는 발명이었어요. 항상 궁금했어요. 그 궁금증 때문에 책을 뒤지고, 온갖 실험을 했어요. 결과는 항상 실패의 연속처럼 보였어요. 하지만 결코 포기하지 않았어요. 결국 자기만의 한 가지로 전 세계에 큰 영향력을 끼치는 위대한 인물이 되었지요.

돋보기를 떠올려볼까요? 돋보기는 유리 렌즈일 뿐이에요. 그러나 초점을 맞춘 후 집중하면 결국 모든 것을 불태울 수 있을 만큼의 강력한 도구가 돼요. 아무리 싸구려 돋보기일지라도 동일한 파워가 있어요. 하지만 돋보기가 초점을 잃으면 그냥 깨지기 쉬운 유리 조각일 뿐이에요.

강점 발견 대작전

1단계. 숨겨진 강점 찾기

지난 1년을 돌아보세요. 언제 시간 가는 줄 몰랐나요? 언제 "이거 진짜 재미있어!"라고 생각했나요?

실제 사례들이에요.

- 친구들 고민 상담해줄 때 → (강점) 공감 능력, 문제 해결 능력
- 유튜브 영상 편집할 때 → (강점) 창의력, 기술적 감각
- 새로운 춤 동작 만들 때 → (강점) 신체 표현력, 창작 능력
- 복잡한 수학 문제 풀 때 → (강점) 논리적 사고, 집중력

2단계. 친구들에게 물어보기

가끔 남들이 나보다 나를 더 잘 알 때가 있어요. 그러니 친구들에게도 이렇게 물어보세요.

- "내가 제일 잘하는 일이 뭐라고 생각해?"
- "나랑 있을 때 언제가 제일 재미있어?"
- "내가 하는 말 중에 기억에 남는 것이 뭐야?"

처음엔 "몰라", "글쎄"라고 할 수도 있어요. 하지만 계속 물어보면 의외의 답을 들을 수 있을 거예요.

3단계. 에너지 절약의 원리

우리는 자신이 얼마나 많은 에너지를 엉뚱한 곳에 허비하고 있는지도 알아야 해요. 스마트폰, 유튜브, 의미 없는 클릭과 스크롤, 목적

없이 떠드는 아무말 대잔치 등. 사실상 우리의 에너지는 줄줄 새고 있어요.

전자기기에는 절전 모드라는 기능이 있어요. 불필요한 것에 소중한 에너지가 사용되지 않도록 하는 거죠. 정말 중요한 것에만 기기가 반응하도록 한 거예요. 이로 인해 기기는 더 오래 사용할 수 있고, 더 빠르고 똑똑하게 기능하게 돼요.

우리도 마찬가지예요. 나의 에너지를 나만의 유일한 강점에 효과적으로 집중하기 위해 절전의 원리를 가진 '절제'가 필요해요.

이 도전을 통해 얻을 수 있는 것들

- 자신만의 독특한 강점을 알게 돼요.
- 자신감이 크게 올라가요.
- 미래 진로에 대한 힌트를 얻어요.
- 다른 사람들과 차별화되는 포인트를 갖게 돼요.
- 에너지를 효율적으로 사용하는 방법을 배워요.

나의 강점을 발견하고, 내가 진짜 하고 싶은 것을 찾고, 그 한 가지에 집중해 보세요. 남과 비교하며 불평하는 삶은 어리석은 거예요. 하지만 자기만의 '한 가지'를 찾고, 거기에 진심을 담아 집중하는 사람은 반드시 자기만의 파워를 가진 능력 있는 인생을 살게 돼요.

멘토 찾기 프로젝트

난이도 ★★★★★ | 예상 소요시간 1개월 이상

[연계] 초5 국어(인물 소개) · 고 기술가정 · 초중고 창의적 체험활동(진로)

여러분도 이런 생각을 해본 적이 있나요?

'나에게는 누군가의 도움이 절실히 필요해.' 혹은 '저 사람처럼 되고 싶다.'라고 생각한 적이 있나요? 그렇다면 여러분은 이미 멘토를 찾을 준비가 된 거예요.

'한 사람의 조언이 인생을 바꾼다'라는 말이 있어요. '가장 현명한 사람은 모든 사람에게서 배운다'라는 탈무드의 말도 있고요.

멘토는 단순히 조언을 해주는 사람이 아니에요. 여러분의 가능성

을 믿어주고, 길을 잃었을 때 방향을 제시해주고, 넘어졌을 때 일으켜 주는 든든한 지원군이에요.

멘토를 만난 사람들의 이야기

발명왕 에디슨에게는 어머니가 훌륭한 멘토였어요. 피겨 여왕 김연아 선수에게도 어머니는 일상의 코치이자 정신적 멘토였지요. 손흥민 선수는 아버지 손웅정 씨의 혹독한 훈련 속에서 축구 철학을 배웠어요.

빌 게이츠는 워런 버핏에게 "시간을 어떻게 써야 할지 모르겠다." 라고 물었고, 그 대화가 자신의 인생 철학을 바꾸었다고 고백한 바 있어요.

오프라 윈프리는 힘든 시절 책이 그녀의 멘토였다고 했어요. 때로는 사람이 아닌 책이나 다른 매체가 멘토가 될 수도 있어요.

멘토 찾기 대작전

1단계. 어떤 멘토가 필요할까?

먼저, 나에게 필요한 멘토는 무엇인지 생각해 보세요.

학생이라면 누구나 '공부 잘하는 방법'에 대해 궁금해해요. 이미 공신(공부의 신)이라고 불리는 분들이 이런 멘토의 역할을 하고 있어요.

'내가 좋아하는 기타를 더 잘 연주하고 싶은데 방법이 없을까?'

이처럼 실제적인 기술적 도움이 절실한 경우도 있어요.

'진로가 고민되는데 조언을 구할 누군가가 필요해.'

청소년기에는 진로에 대한 고민이 심각할 수 있어요. 이때 그 길을 앞서간 선배들, 전문가들에게 조언을 구할 수 있어요.

이렇게 내가 관심 있는 주제를 정리해 보세요. 구체적으로 어떤 도움을 받고 싶은지 리스트를 만들어 보세요.

2단계. 멘토 후보 찾기

멘토는 멀리 있지 않아요. 여러분 주변에도 숨겨진 보석 같은 사람들이 많답니다.

후보 1. 부모님

365일 곁에서 밀착 코칭이 가능한 유일한 존재예요. 앞서 말한 에디슨, 김연아, 손흥민의 사례처럼 부모님이 최고의 멘토가 될 수 있어요.

후보 2. 학교 선생님

좋아하는 과목 선생님이나 상담 선생님의 도움을 받을 수 있어요.

후보 3. 가족과 친척

사촌 오빠가 코딩 천재라면? 그에게 코딩에 대한 모든 조언을 구해볼 수 있어요. 가족, 친척들은 명절 등 꾸준히 만날 기회들이 있기 때문에 그 시간을 잘 활용하는 것이 좋아요.

후보 4. 온라인 멘토

요즘 유튜브, 블로그, SNS에서 멘토를 찾는 것은 기본이죠. 관심 분야에서 존경하는 사람을 팔로우하고 배워볼 수도 있어요. 챗GPT는 요즘 떠오르는 강력한 멘토예요.

후보 5. 좋아하는 작가(책)

책을 좋아한다면 강력 추천해요. 좋아하는 작가님에게 이메일이나 DM을 보내는 방법도 있어요.

3단계. 멘토와의 첫 만남은 부담 없이!

멘토를 만났다고 가정해 봐요. 그때 너무 진지하고 딱딱할 필요는 없어요. "멘토님, 저의 인생을 책임져 주세요!" 같은 부담스러운 말은 삼가야겠죠? 대신 이렇게 가볍게 접근해 보는 거예요.

"이것을 어떻게 하면 더 잘할 수 있을까요?"

"조언 한 마디만 부탁드려도 될까요?"

이렇게 진심 어린 간단한 질문으로 시작하면 돼요. 사람은 이렇게 조언을 구하는 사람에게 호감을 느끼기 때문에 대부분 기꺼이 도움을 주고자 할 거예요.

4단계. 멘토링 관계 꾸준히 이어가기

멘토를 찾았다고 해서 끝난 것이 아니에요. 관계를 유지하고 발전시켜야 해요.

직접 경험한 작은 성공을 멘토와 공유해보세요. "말씀하신 대로 해봤더니 정말 효과가 있었어요!"

감사함을 표현하는 것도 중요해요. "덕분에 도움이 많이 됐어요. 감사합니다!"

가끔 이런 저런 소식을 전해보세요. "요즘 ○○를 하고 있어요. 어려움이 있었는데 결국 해결되었어요. 제가 좀 성장한 것 같아요!"

이렇게 꾸준히 연락을 주고받는다면 멘토와의 관계가 점점 깊어질 거예요.

5단계. 멘티에서 멘토로 한 걸음 더 나아가기!

가장 멋진 것은 여러분도 누군가의 멘토가 될 수 있다는 사실이에요. '에이, 내가 무슨 멘토야?'라고 생각할 수도 있지만, 여러분보다 어린 친구들이나 그 분야의 초보자들에게는 충분히 도움이 될 수 있어요.

"수학 공식을 외우는 꿀팁이 있는데... 알려줄까?"

"이 책 정말 감명 깊었어. 꼭 추천하고 싶어."

"요즘 친구 문제로 힘들다고? 내가 깨달은 친구 사귀는 방법이 있는데 한 번 들어볼래?"

"나도 기타 배우고 있는데 도와줄까?"

이렇게 작은 도움을 주다 보면, 여러분도 어느새 훌륭한 멘토가 되는 거예요. '주는 사람이 행복하다'라는 말이 있어요. 받기만 하지 말고 누군가에게 도움의 손길을 내밀어 보세요. 알 수 없는 행복감으로 뿌듯해질 거예요.

이 도전을 통해 얻을 수 있는 것들

- 인생의 방향을 찾는 데 도움을 받아요.
- 시행착오를 줄일 수 있어요.
- 더 넓은 세상을 경험할 수 있어요.
- 든든한 지원군을 얻게 돼요.
- 나도 누군가의 멘토가 되는 경험을 해요.

여러분을 조금 더 성장하게 도와주는 사람이면 누구든지 멘토예요. 관심 분야의 멘토를 찾아 배우고, 때로는 새로운 도전을 해보고, 그 과정에서 작게나마 성공을 쌓아가세요. 그러면 나만의 멘토가 생길 뿐만 아니라, 여러분 자신도 멘토로서 누군가를 이끌어 줄 수 있어요. 정말 멋지지 않나요?

멘토를 찾았으니 이제 또 다른 멘토인 '인생 책'을 찾아볼 시간이에요!

나만의 인생 책 찾기

난이도 ★★★☆☆ | 예상 소요시간 2-3주일

[연계] 초3 국어(문학) · 중 국어(읽기) · 고 국어(진로 독서)

여러분도 이런 경험이 있나요?

책을 읽는다는 것은 마치 다른 세상으로의 순간 이동과 같아요. 책을 펴서 읽는 순간 전혀 다른 세상을 경험하게 돼요. 항상 최고의 경험일 수는 없겠죠? 물론 평균 이하일 수도 있어요. 독서는 일종의 보물찾기예요.

칼 세이건은 "책은 당신의 마음을 확장시키고, 영혼을 일깨우며, 인생의 무기가 된다"라고 말했어요. 헨리 데이비드 소로우도 "좋은 책은 인생 전체를 비추는 보물 같은 등불이다"라고 말했고요.

보물을 찾듯 책들을 읽다보면 누구나 '나만의 인생 책'을 만날 수 있어요.

인생 책이 주는 특별한 경험

'인생 책'은 나를 웃게도 하고, 울게도 해요. 큰 깨달음을 주기도 하죠. 때로는 소름 돋는 전율을 일으키기도 해요. 그래서 박웅현 작가님은 《책은 도끼다》라는 책까지 쓰셨어요. 책이야말로 나의 무지를 깨뜨리고, 안일을 깨부수고, 잘못된 생각에 금이 가게 하는 도끼이지요.

실제로 '진짜 대박이다!'하며 감탄사를 연발하게 하는 책들도 있어요. 그럼 어떻게 하면 이런 인생 책을 찾아낼 수 있을까요?

인생 책 찾기

1단계. 취향부터 알아보기

책도 음식이랑 비슷해요. 어떤 사람은 치킨을 좋아해요. 파스타를 특별히 좋아하는 사람도 있고, 떡볶이라면 자다가도 깨는 사람이 있어요. 책도 마찬가지예요.

모험을 좋아하는 사람이라면 《해리 포터》나 《나니아 연대기》 같은 소설부터 시작하면 좋아요. 사랑과 관련된 로맨스를 좋아한다면 러브

스토리와 같은 달달한 연애 이야기가 담긴 책들이 후보가 될 거예요. 유독 역사를 좋아하는 사람도 많은 것 같은데요. 《나의 문화유산 답사기》 같은 책도 괜찮아요. 개그 요소가 듬뿍 들어있는 책이나, 자기 계발서 혹은 유명한 고전일 수도 있어요.

책이 너무 많아서 무엇을 골라야 할지 모르겠다고요? 맞아요. 그럴수록 책과의 운명적인 만남을 기대하면서 한 권 한 권 정성껏 만나보기를 추천해요.

2단계. 서점이나 도서관 탐험하기

서점이나 도서관은 보물창고예요. 마음이 끌리는 코너로 가보세요. 책 표지부터 마음껏 구경하세요. 표지가 예쁜 책은 일단 한 번 집어들어보는 거예요! 책 뒷표지나 처음 페이지를 살짝 읽어도 보세요. 그 글의 표현이 무언가 쫄깃하거나 흥미롭다면 바로 겟!

도서관은 공짜니까 이것저것 마음껏 도전해볼 수 있어요. 서점의 베스트셀러 코너도 가볼 만해요. 남들이 좋다고 한 책들은 나만의 책이 될 확률도 제법 높으니까요. 우리 주변에는 중고서점도 아주 많아요. 부담 없이 마음에 드는 책들을 집으로 데려올 수 있어요.

음식을 많이 먹어본 사람이 음식 전문가가 될 수 있고, 사람을 많이 만나 본 사람이 사람 전문가가 되듯이 책도 마찬가지예요. 책 있는 곳에 내가 있고, 내가 있는 곳에 책이 있다는 열정으로 만나보세요.

책 한 권을 순서대로 다 읽을 필요는 없답니다. 이것저것 읽다보면 끌리는 책이 있어요. 결국 잠시도 눈을 뗄 수 없는 책이 나타나요. 운명적인 인생 책과의 만남이 시작되는 순간이에요.

3단계. 친구들의 추천받기

책은 친구가 추천받는 것이 은근 꿀팁이에요. 친구가 "이 책 진짜 개꿀잼이다!"라고 하면 왠지 더 신뢰가 가지 않나요? 그 책을 꼭 읽고야 말겠다는 마음속 목표가 생겨요. 실제로 책을 읽을 확률도 높아져요.

친구들끼리 책을 추천하면서 대화하다 보면 그것 자체가 독서토론이 될 수도 있고, 책을 매개로 좋은 우정을 나눌 수도 있어요.

사실 독서 어플이나 SNS도 좋은 친구예요. 잘 활용한다면 수준 높은 인생책을 만날 수 있어요. 어플에는 '이 책 좋았어요!' 하는 코너가 있는데 그곳에서 추천글을 쉽게 찾을 수 있어요. 인터넷서점에서 평점을 보거나, 댓글처럼 달린 후기를 참고하는 것도 좋은 방법이에요.

4단계. 읽다 보면 알게 돼요!

솔직히 말해서, 처음부터 '이 책이 내 인생책이 될 거야!' 하게 되는 책은 잘 없어요. 몇 권 읽다 보면 자연스럽게 인생책으로 등극할 때가 많아요. 중요한 것은 도전하고, 즐겨보는 거예요.

사람도 마찬가지잖아요. 많은 사람을 만나보면 그 중에 유독 빛나는 사람이 있는 것처럼요. 책도 읽다보면 끌리는 책을 만나기 마련이고, 마음에 드는 작가의 모든 책을 섭렵하게 돼요.

사실 인생책 찾기의 묘미는 과정에 있어요. 읽다 보면 '내 스타일이 이거였네!'라는 걸 알게 돼요. 나를 알아가는 과정이 되기도 해요. 인생책을 찾는 것도 중요하지만, 그 과정에서 얻게 되는 부수적인 값진 경험들이 아주 많아요.

5단계. 독후활동의 중요성

이젠 독후활동의 중요성도 강조하고 싶어요. 책을 읽은 후 어떤 점이 좋았는지 한두 줄로 적어보세요. 나만의 평점을 표시해도 좋아요. 꾸준히 해보세요. 나만의 독서 이력이 돼요. 동시에 나만의 독서 추억도 쌓이겠죠? 독서 이력을 살피다가 뒤늦게 '인생 책'이 되는 경우도 있어요.

이 도전을 통해 얻을 수 있는 것들

- 평생 함께할 소중한 책들을 만나요.
- 독서 취향을 알게 돼요.
- 지식과 지혜가 쌓여요.
- 상상력과 창의력이 늘어나요.
- 마음의 양식을 얻어요.
- 스트레스 해소 방법을 갖게 돼요.

지금 당장 책 한 권을 골라 보물을 찾듯 읽어 보세요. 보물을 찾는 사람의 눈빛은 남달라요. 고도의 집중력을 발휘해요. 절대 한 눈 팔지 않아요. 결국 촘촘한 레이더망에 많은 보물들이 걸려들게 돼요. 인생 책 찾기의 첫걸음은 이런 식으로 시작돼요.

여러분에게는 이런 인생 책이 몇 권이나 있나요? 많을수록 좋아요. 그것이 여러분의 인생길을 밝혀주고 넓혀주며 평탄하게 할 거예요. 최고의 친구요, 멘토고, 대단한 스펙이며, 엄청난 능력이 된다는 것을 꼭 기억해주세요.

좋은 책을 찾았으니 이제 그 책에 완전히 빠져보는 '몰입의 즐거움'을 경험해볼 시간이에요!

도전 5 몰입의 즐거움 경험하기

난이도 ★★★★☆ | **예상 소요시간** 1–2주일

[연계] 초5 실과(시간 관리)

여러분도 이런 경험이 있나요?

게임할 때의 몰입감은 다들 알 거예요. 보스 패턴을 분석하고, 타이밍을 계산하며 무한 트라이하기. 처음에는 '왜 이렇게 어렵지?' 했다가도 결국 클리어하는 순간의 희열은 정말 대단해요. 이 과정에서 여러분은 이미 수많은 전략과 집중력을 발휘한 거예요.

몰입이란 무엇일까요? 몰입의 개념을 처음 제시한 심리학자 칙센트미하이는 이렇게 말했어요.

"몰입은 우리가 하는 일에 완전히 빠져들어 시간도, 공간도 잊고 오로지 그 순간에 집중하는 상태다."

한국에서는 황농문 서울대 교수는 "몰입은 우리의 잠재력을 극대화하는 비밀 병기"라고 하며 그 중요성을 강조했어요.

몰입이 주는 특별한 선물

칙센트 미하이는 "몰입은 노력 같지 않은 노력이다. 그 순간, 우리는 일하는 것이 아니라 살아 있는 것이다."라고 말했어요. 캘 뉴포트도 "몰입은 재능보다 강하다. 몰입하는 자가 결국 세상을 바꾼다"라고 말했고요.

그러므로 몰입은 단순히 집중력을 말하는 것이 아니에요. 몰입은 우리가 그토록 바라는 행복감과 성취감을 극대화하는 상태인 거예요.

이 몰입의 힘을 공부에 적용해보면 어떨까요? 수학 문제 하나를 보스전이라고 상상해 보는 거예요. 패턴(문제 유형)을 분석하고, 최적의 타이밍(공식과 풀이법)을 찾아 단계별로 풀어나가는 거죠. 처음엔 어려워도, 점점 풀리는 문제를 보면 내가 해냈다는 쾌감이 들 거예요.

몰입 vs 중독, 뭐가 다를까?

주의할 점이 있어요. 몰입이 아니라 중독이라는 것도 있거든요. 몰입은 에너지를 쌓아주고, 긍정적이고 생산적인 방향으로 흘러가요. 하지만 중독은 그렇지 않아요.

예를 들어, 게임, 약물, 인터넷 등은 저절로 나도 모르게 빠져들게 하는 파괴적인 힘이 있어요. 중독의 결과는 결코 긍정적이지 않아요. 우리의 생활을 망가뜨릴 수 있어요. 그러니 특별히 주의해야겠죠?

몰입 경험하기 대작전

1단계. 몰입의 대상 찾기

독서, 운동, 공부, 심지어 청소도 좋아요. 여러분이 좋아하는 일이라면 무엇이든 몰입의 대상이 돼요. 몰입독서, 몰입문제풀이, 몰입음악감상 등이 되겠죠!

황농문 교수는 몰입독서를 통해 수많은 지식을 습득했다고 해요. 단순히 책을 읽는 것이 아니라, 내용에 완전히 빠져들어 작가와 대화를 나누는 기분으로 읽는 거죠. 책 속의 인물과 혹은 내용과 사랑에 빠진다는 표현이 절대 과하지 않아요.

취미도 마찬가지예요. 기타를 배우는 친구의 사례를 말해 볼게요. 처음엔 손가락이 아파서 며칠 만에 포기할 것 같았지만, 하루하루 코드를 익히다가 마침내 좋아하는 노래를 연주하게 됐을 때의 그 성취감은 정말 짜릿했다고 해요. 이처럼 몰입은 일종의 황홀경을 경험하는 방법이에요.

2단계. 작게 시작하기

'처음부터 완벽하게 해야지!' 같은 부담은 버리고, '딱 5분만 해보자.'라는 마음으로 가볍게 시작하세요. 예를 들어 5분 몰입독서부터 해보는 거예요.

처음엔 타이머를 활용해도 좋아요. 5분이 너무 아쉽고 쉽게 느껴지면 그때 조금씩 시간을 늘려가는 거예요. 10분에서 15분, 30분으로 확장시키세요. 자신의 수준보다는 약간만 높게! 절대 무리할 필요 없어요.

3단계. '순간'이 결과를 좌우한다

잘해야 한다는 부담은 내려놓고, 오로지 그 순간에 집중하는 것이 좋아요. 이것을 '카르페디엠'이라고도 해요. '지금 이 순간을 붙잡으라.'라는 뜻인데 과정을 즐기라는 의미이기도 해요.

몰입하는 지금 이 순간을 애정어린 눈으로 바라보며 즐기기 바라요. 그럼 결과도 좋을 수밖에 없어요.

이렇듯 몰입의 상태에 들어가면 여러분은 단순한 즐거움을 넘어서 황홀감(Flow)을 느끼게 돼요. 시간과 공간을 잊고, 나도 몰랐던 능력이 발휘되며, 성취감이 폭발하는 경험을 하게 되죠.

이 황홀감은 스트레스를 해소하고, 삶에 새로운 에너지를 불어넣어요. 그리고 무엇보다 중요한 것은 몰입을 통해 자기 자신을 새롭게 발견할 수 있다는 거예요.

몰입은 단순히 시간을 투자하는 게 아니에요. 몰입의 결과를 생각하며 전력투구하는 거예요. 몰입은 결과와 성취로 보답해주는 강력한 도구예요.

이 도전을 통해 얻을 수 있는 것들

- 집중력이 크게 향상돼요.
- 시간 관리 능력이 늘어나요.
- 성취감과 만족감을 경험해요.
- 스트레스가 해소돼요.
- 자신의 새로운 면을 발견해요.
- 황홀감(Flow)을 경험해요.

몰입은 단순한 집중 그 이상의 힘을 지니고 있어요. 무료했던 하루를 특별하게 바꾸고, 여러분의 가능성을 한계 없이 확장시켜 줘요. 건강하고 생산적인 몰입의 기회는 아주 많아요. 그러니 주저하지 말고 몰입에 도전하세요. 몰입의 황홀감이 이끄는 멋진 성취와 성장을 유감없이 맛보기 바라요.

나만의 소확행 찾기

난이도 ★★☆☆☆ | **예상 소요시간** 1-2주일

[연계] 중 도덕(자신과의 관계)

여러분도 이런 순간이 있나요?

　레오 버스카글리아는 "인생의 진정한 기쁨은 작은 순간들이 모여 만들어진다"라고 말했어요. 헬렌 켈러도 "가장 소중한 것은 늘 가까이에 있다. 우리가 알아채기만 한다면."이라고 말했고요.

　소확행은 하루하루의 일상 속에서 작은 즐거움을 발견하고 그것을 통해 삶의 만족을 느끼는 소중한 경험이에요. 행복은 대단한 것에 있지 않아요. 소소한 일상 속에서 얼마든지 맛볼 수 있어요.

소확행이 뭐길래?

소확행은 자신만의 취향과 관심사를 중심으로 찾을 수 있어요. 작고 단순한 것에서 행복을 찾고 누리는 연습을 하다보면 언제든지 얼마든지 행복할 수 있답니다.

소확행을 위해 먼저 해야 할 것이 있어요. 우선 자신이 평소에 무엇을 좋아하는지, 무엇에 의해 행복해하는지 알아야 해요.

어떤 순간에 마음이 편안하고 즐거웠는지 생각해보세요. 누구에게나 나를 미소 짓게 만드는 소소한 일상이 있을 거예요.

소확행 찾기 대작전

1단계. 나만의 행복 포인트 찾기

좋아하는 음식이 될 수도 있고, 바로 기분이 좋아지는 특별한 향기일 수도 있어요. 아님 음악일 수도 있겠죠? 눈을 감고 좋아하는 음악을 골똘히 들어보는 것은 손쉽게 접할 수 있는 소확행이에요.

내가 좋아하는 특별한 장소는 그 행복감을 증폭시켜 줘요. 10대들에게는 이런 장소가 아지트가 되기도 해요. 요즘은 초등학생들도 동네카페에서 책읽고 공부하는 문화를 즐긴다고 해요. 가끔 분위기 좋은 카페에서 맛있는 음료 한 잔을 마시면서 좋아하는 책 한 권을 읽는 것은 제법 손쉽게 맛볼 수 있는 행복이에요.

10대에 꼭 해야 할 31가지 도전

2단계. 일상 속 소확행 만들기

이렇게 소소한 행복은 큰 돈과 시간이 없어도 바로 시작할 수 있어요.

- 아침에 좋아하는 음료 한 잔을 마시며 하루를 시작하기
- 가까운 공원에서 산책하기
- 창문을 열고 신선한 공기를 마시기
- 좋아하는 음악을 들으며 따뜻한 물로 샤워하기
- 좋은 향기 나는 이불 속에서 내일 일을 기대하며 온갖 즐거운 상상하기
- 우리 집 댕댕이와 여유롭게 산책 다녀오기

저는 요즘 매일 아침 야생화가 만발한 당현천변을 걸어서 출근하는 것이 무척 행복해요. 이처럼 작은 습관들을 일상 속에 하나씩 추가해간다면 행복감도 그에 비례해서 올라갈 거예요.

3단계. 소확행 루틴 만들기

그런데 소확행은 지속성이 중요해요. 이를 위해 일정한 루틴을 만들 필요가 있어요. 행복감을 주는 행동을 정기적으로 반복하면 더 큰 만족감을 얻을 수 있기 때문이에요.

굳이 다른 사람의 것과 비교할 필요는 없어요. 오히려 세상에 단 하나뿐인 나만의 소확행이 더 빛날 수 있도록 해야해요. 그러므로 자신의 속도에 맞게 소소한 기쁨을 찾아가기를 추천해요.

4단계. 창의적인 소확행 시도하기

창의적으로 소확행을 시도하는 것은 아주 좋은 방법이에요. 새로

운 취미나 관심사를 탐구해보는 거예요.

- 자연에서 그림 그리기

- 가족을 위해 요리하기

- 주말에 한가로이 사진 촬영하기

- 공원에서 자전거 타기

거듭 말하지만 소확행은 거창하거나 완벽하지 않아도 돼요. 중요한 것은 그 순간에 집중하며 그것을 온전히 누리고자 하는 자세예요. 카르페디엠의 자세로 지금 이 시간을 온전히 음미하면서 누리는 거예요.

이 도전을 통해 얻을 수 있는 것들

- 일상이 더 즐거워져요.

- 작은 것에서 행복을 찾는 능력이 생겨요.

- 스트레스가 줄어들어요.

- 긍정적인 마인드가 생겨요.

- 자신만의 힐링 방법을 갖게 돼요.

- 삶의 만족도가 올라가요.

행복은 결과가 아니라 과정이라고 생각해요. 여러분만의 소소한 즐거움을 발견하고 맛보면서 충분히 행복해지면 좋겠어요. 나만의 소확행(소소하지만 확실한 행복)을 찾아 누리세요. 곧 대확행(대단하게 확실한 행복)이 될 거예요.

다음 도전에서는 소확행을 찾았으니 이제 평범한 일상에서도 특별함을 만들어내는 방법을 배워볼 시간이에요!

도전 7

별것도 아닌 일에서
보람 느껴보기

난이도 ★★★☆☆ | **예상 소요시간** 1-2주일

[연계] 중 도덕(자신과의 관계)

여러분도 이런 생각을 해본 적이 있나요?

'이거 왜 해야 돼? 시간 낭비 같아! 짜증나.'

이런 생각 해본 적 있죠? 특히 지루한 일을 할 때 그래요. 예를 들어, 매일 같은 길을 오가는 등굣길이 그럴 것 같아요. '내 인생 왜 이렇게 똑같아?' 하며 투덜댈 수 있죠. 늘어만 가는 숙제를 생각할 때 짜증이 나기도 해요. '도대체 끝이 어디야?'라고 어딘가에 따지고도 싶어요.

그런데 문제는 짜증내고, 투덜대며, 화를 낸다고 해서 해결되지 않는다는 거예요.

마더 테레사는 "위대한 일은 작은 일을 사랑으로 하는 데서 시작된다"라고 말했어요. 에크하르트 톨레도 "일상의 평범함 속에 인생의 진리가 숨어 있다"라고 말했고요.

평범한 일을 특별하게 만드는 마법

그럼 짜증 나는 감정을 억누른 채 무조건 지루한 일을 해야만 하는 것일까요? 그렇지 않아요. 우리의 감정은 제법 솔직해요. 감정을 속일 필요까지는 없어요. 솔직한 감정을 인정하되 감정대로 살지 않으면 돼요. 나의 감정을 잘 알아주고 풀어주면서 해소하면 돼요.

나아가 원치 않는 감정은 적당히 속일 수도 있어야 하고요. 그럼 지루하고 별거 아닌 일에서도 남다른 기쁨과 보람을 느낄 수 있어요.

보람 만들기

1단계. 미션처럼 만들면 특별해져요

지루하고 재미없는 일이지만 꼭 해야만 하는 것들이 있어요. 그럼 이왕 할거 미션을 수행하듯 해보는 거예요.

예를 들어, 방청소를 해야 한다면 그냥 하지 말고 일단 미션으로 만드세요.

'내 방을 호텔 스위트룸처럼 만들기!'

조금 황당하다고요? 그래도 해보세요. 호텔 스위트룸이 어떤 곳인지 모른다면 인터넷으로 얼마든지 확인이 가능해요. 침대 커버를 깔끔하게 갈아끼우고, 베개는 호텔처럼 정리하고, 책상에는 작지만 앙증맞은 스탠드를 설치하는 거예요.

필요 없는 물건은 버리거나 수납장에 정리하세요. 머지 않아 스스로 감탄하게 될 거예요. 성취감은 덤이고요. '내 방이 이렇게 변하다니!' 서프라이즈가 따로 있나요? 평범한 일상을 특별하게 바꿀 수 있다면 그거야말로 서프라이즈예요.

2단계. 작은 것에 집중하면 큰 재미가 보여요

지루하고 따분하게 반복되는 것들이 있어요. 머리 감기, 세수, 양치, 숙제, 매일 등굣길 걷기 등. 때로는 너무 귀찮아서 안하고 싶은데 그럴 수도 없지요.

물론 이런 것들을 즐기는 사람도 있겠지만 그렇지 않은 사람들이 훨씬 많은 것 같아요. 누구든 항상 좋을 수만은 없답니다. 그렇다면

10대에 꼭 해야 할 31가지 도전

초집중 모드로 바꿔 보세요.

머리를 감는다면 샴푸 거품이 어떻게 생겼는지, 물의 온도는 어떤지, 머리카락 하나하나가 어떤 느낌인지 세심하게 관찰해보는 거예요. 마치 처음 해보는 것처럼 신기해하면서 말이에요.

등굣길을 걸을 때도 마찬가지예요. 오늘은 어떤 꽃이 피었는지, 어떤 냄새가 나는지, 하늘은 어떤 색깔인지 유심히 관찰해보세요. 평소에 못 봤던 새로운 것들이 보일 거예요.

3단계. 게임처럼 만들어보기

숙제나 공부도 게임처럼 만들 수 있어요. 수학 문제를 풀 때 '이 문제를 5분 안에 풀 수 있을까?' 하고 도전해보는 거예요. 아니면 '오늘은 어제보다 한 문제 더 풀어보자.' 하고 작은 목표를 세우는 거예요.

영어 단어 외울 때도 '이 단어들로 재미있는 문장을 만들어볼까?'라고 창의적으로 접근해보세요. 지루한 암기가 창작 놀이로 바뀔 수 있어요.

4단계. 의미 부여하기

별것 아닌 일에도 의미를 부여해보세요. 설거지를 할 때 '가족을 위해 깨끗한 그릇을 준비하는 거야.'라고 생각해보세요. 청소를 할 때 '우리 가족이 건강하게 살 수 있는 환경을 만드는 거야.'라고 생각해보세요.

이렇게 의미를 부여하면 같은 일이라도 전혀 다르게 느껴져요. 단순한 노동이 아니라 사랑의 표현이 되는 거예요.

이 도전을 통해 얻을 수 있는 것들

- 일상이 더 즐거워져요.

- 작은 일에서도 성취감을 느껴요.

- 창의력이 늘어나요.

- 긍정적인 마인드가 생겨요.

- 집중력이 향상돼요.

- 감사하는 마음이 생겨요.

하루를 특별하게 만드는 마법을 부리세요. '지루하고 따분한 일도 즐겨라! 뾰로롱 뿅~' 이런 마법 말이에요. 별것도 아닌 일에서 보람을 느끼는 능력은 여러분의 인생을 훨씬 풍요롭게 만들어줄 거예요.

아무것도 안 하면서
빈둥빈둥 해보기

난이도 ★★☆☆☆ | 예상 소요시간 하루

[연계] 초1 바른생활(탐험) · 초5 도덕(내 안의 소중한 친구)

여러분도 이런 생각을 해본 적이 있나요?

하루 종일 아무것도 하지 말라고요? 빈둥거리라고요? 네! 한 번쯤은요. 물론, 가끔도 괜찮아요. 하루쯤은 이것을 제대로 경험해보는 것을 추천해요.

누가 보면 "시간 낭비 아니야?"라고 할지 모르겠어요. 하지만 그렇지 않아요. 너무나 바쁘게 돌아가는 요즘 세상, 그냥 멍하게 시간을 보내는 것은 특별한 경험이 되거든요. 물멍, 해멍, 불멍, 비멍이라는 말들이 유행하고 있잖아요?

윈니 더 푸는 "때로는 아무것도 하지 않는 것이 가장 생산적인 일이다."라고 말했어요. 수전 손택도 "휴식은 게으름이 아니라, 또 다른 형태의 지혜다"라고 말했고요. 아인슈타인도 "가장 창의적인 순간은 아무것도 하지 않을 때 생긴다"라고 말했어요.

빈둥빈둥이 왜 필요할까요?

빈둥빈둥은 나를 위한 일종의 투자예요. 2보 전진을 위한 1보 후퇴라고 할까요? 그래서 저는 이것을 '빈둥빈둥의 미학'이라고 표현하고 싶어요.

몸과 마음의 충전기

기계도 쉬지 않고 계속 돌아가면 결국 고장이 나요. 사람도 마찬가지예요. 하루쯤은 완벽하게 '정지' 버튼을 누른 후 아무것도 안하는 것이 필요해요.

하지만 현대인은 그것을 못해요. 너무 재밌어서 '재미' 때문에 수면이 부족하기도 하죠. 물론 학생들은 공부하느라 너무나 피곤해요. 그럴수록 완벽한 빈둥빈둥을 경험해야 한다고 생각해요.

스트레스 탈출구

평소에 숙제, 시험, 학원, 친구 관계 때문에 얼마나 스트레스가 많

10대에 꼭 해야 할 31가지 도전

나요? 그런 스트레스를 잠시 잊고, "나 지금 아무것도 안 할 거야. 격하게 안 할거야!" 선포하는 거예요. 사실 이렇게 선언하기만 해도 우리의 마음은 편안해져요.

창의력 상승

놀랍게도 아무 생각 없이 멍~ 때릴 때 진짜 좋은 아이디어가 많이 떠올라요. 에디슨도 풀밭에 앉아 멍~ 때리기를 잘했다고 하죠. 일종의 공상이에요. 발명가들 대부분 이런 빈둥빈둥으로 대박 아이디어를 얻었다고 하니 우리도 잘 활용해 볼 필요가 있어요.

빈둥빈둥 실행 가이드

1단계. 해야 할 일(리스트) 무시하기

현대인은 무척 피곤해요. 우리나라 10대들의 학업스트레스는 세계적으로 유명해요. 과제, 시험 공부, 각종 수행평가, 학원스케줄... 빈틈이 없을 정도예요.

하지만 일단 한 번 시간을 비워보세요. 이왕이면 방학시간을 이용하는 것이 좋겠죠? 주말도 좋아요. '오늘 하루는 그냥 쉰다! 쉬기만 한다.'라고 생각하세요. 하루가 부담스러운 사람은 반나절, 혹은 2-3시간 만이라도 비워보세요.

2단계. 편안한 장소 찾기

아무 곳이나 좋아요. 가까운 산도 좋고 공원도 좋아요. 소파, 거실, 정원, 카페... 어디든 좋아요. 사실 제일 편안한 곳에서 나만의 시간을 보내면 돼요.

단, 잠을 자면 안돼요. 아무것도 안하고 하루종일 자려고 했죠? 게임도 안되고, 텔레비전 시청하는 것도 안돼요. 그럼 뭐하냐고요? 그냥 편안한 마음으로 혼자 시간을 보내면 돼요. 조용한 클래식 음악 정도는 괜찮아요.

지겨워 죽을 것 같다고요? 그럴 수도 있지요. 하지만 조용하고 편안한 장소에서 나홀로 시간을 보내는 것은 꽤 괜찮은 경험이 될 거예요. 기대해도 좋아요.

3단계. 시간 가는 대로 흘려보내기

가능하면 휴대폰 전원을 끄고 시계도 보지 마세요. 시간을 잊어야 진정한 빈둥빈둥이거든요. 어슬렁 어슬렁 관찰자가 되어서 주변을 살펴도 좋아요.

아마 해야 할 일들이 계속 말을 걸어올거예요. 그래도 무시하세요. 몸과 마음을 최대한 릴렉스 하면서 순간순간을 즐긴다고 생각하세요. 가끔 심호흡도 하고, 과하지 않게 스트레칭을 하면서 느긋한 시간의 흐름과 정적을 느껴보세요.

주변에서 들려오는 소음, 새소리, 바람 소리, 사람들의 발소리, 오토바이 소리... 내 심장소리가 들릴 수도 있어요. 그런데 심심해서 미칠 것 같다고요? 지겨워진다면 가벼운 산책은 해도 괜찮아요.

빈둥빈둥할 때 절대 하면 안 되는 것들

자책하지 마세요

'내가 이렇게 놀고 있어도 되나?' 이런 생각은 금지예요. 지금은 나를 위한 휴식 시간이니까요.

SNS 보지 마세요

SNS에서 열심히 공부하거나 운동하는 친구들을 보면 괜히 불안해질 수도 있으니 폰은 전원을 끈채로 더 열심히 빈둥대세요.

계획 세우지 마세요

굳이 계획을 세울 필요도 없어요. 그냥 자연스럽게 흘러가야 진짜 '빈둥댐'이거든요.

빈둥빈둥의 놀라운 효과

빈둥거리다 보면 신기하게도 몸과 마음이 가벼워져요. 게다가 아무것도 한 것이 없는데 묘한 해방감까지 느껴져요. 이것이 바로 진짜 힐링이에요.

그래서인지 다음 날이 되면 더 열심히 살고 싶은 강력한 의욕이 샘솟는답니다. 브렌트 브라운이 "빈 시간은 헛된 시간이 아니다. 그것은 당신을 나시 채우는 시간이다."라고 말한 것처럼요.

이 도전을 통해 얻을 수 있는 것들

- 진정한 휴식을 경험해요.

- 스트레스가 완전히 해소돼요.

- 창의적인 아이디어가 떠올라요.

- 마음의 평화를 느껴요.

- 다음 날 더 큰 의욕을 갖게 돼요.

- 나만의 해방감을 경험해요.

딱 한 번만이라도 제대로 빈둥빈둥해 보세요. 어쩌면 여러분의 삶에서 가장 인상 깊은 소중한 하루가 될지도 몰라요! 빈둥빈둥댄 휴식 시간은 삶의 일상성, 무료함, 매너리즘에서 나를 해방시키는 정말 특별한 경험이 될 거예요.

딱 하루! 하루종일 아무것도 안하면서 빈둥빈둥해 보세요. 나의 해방일지가 시작돼요.

나만의 패션 스타일 찾기

도전 9

난이도 ★★★☆☆ | **예상 소요시간** 1-2주일

[연계] 초3·4 미술(표현) · 초5 실과(옷차림) · 중 기술가정(주도적 삶)

여러분도 이런 생각을 해본 적이 있나요?

다이앤 본 퍼스텐버그는 "자기 자신을 아는 것, 그것이 진짜 스타일의 시작이다"라고 말했어요. '자기만의 스타일을 찾는 여정은 자기 자신을 사랑하는 연습이다'라는 말도 있고요.

패션(fashion)은 각 사람의 개성이고 정체성이에요. 나다움을 표현하는 가장 눈에 띄는 수단이기도 해요. 패션과 무관한 삶은 있을 수 없어요. 의식주라는 3대 필수요소 중 하나이기도 하죠.

이토록 중요한 패션! 대충 할 수 없겠죠? 대충 산다는 것만큼 무책임한 것은 없어요. 내 삶의 주인으로서 패션(fashion)에 대한 패션(Passion)이 필요하다고 생각해요.

패션이 주는 특별한 힘

나만의 패션 스타일을 찾는 것은 무척 신나는 일이에요. 물론 패션에 별로 관심이 없는 사람도 있을거예요. 하지만 자기만의 패션은 자기 표현을 돕고, 자신감도 키워줘요. 옷이 날개라는 말도 있잖아요!

앙드레 김은 어릴 적 자신만의 미적 감각을 믿고 과감한 스타일에 도전했어요. 남들이 비웃어도 하얀 옷, 독특한 메이크업, 상상력 넘치는 무대 연출을 밀어붙인 끝에 세계적으로 주목받는 디자이너가 되었죠. 중요한 것은 남의 시선이 아니라 나의 확신이에요.

나만의 스타일 찾기

1단계. 나만의 개성 파악하기

평소 어떤 컬러, 소재, 디자인을 선호하는지 확인해 보세요. 내 옷장을 유심히 살펴보거나 친구에게 물어봐도 좋아요. 내가 좋아하는 옷의 유형을 확인할 수 있어요.

여러분이 자주 입는 옷은 무엇인가요? 십 대라면 주로 교복을 입

겠지만 그 외의 제법 많은 시간을 위해 선택해야 하는 옷에도 나만의 개성이 나타나기 마련이에요.

그럼 여러분이 그 옷으로 표현하고 싶은 느낌은 무엇인가요?

- 귀엽고 발랄한 느낌?
- 성숙하고 깔끔한 스타일?
- 과감하고 눈에 띄는 스타일?
- 편의성을 최우선으로 생각하는 스타일?

2단계. 패션감각 기르기

인터넷에서 마음에 드는 패션스타일을 사진으로 모아두면 내가 선호하는 패션의 유형을 찾기가 한결 쉬워져요. 마음에 드는 연예인, 인플루언서들을 참고할 수도 있어요. 가까운 친구나 가족, 일상에서 만나는 모든 사람들이 영감을 주는 대상이에요.

나만의 패션감각을 갖기 위해서는 무엇보다 많은 경험이 필요해요. 평소 시도하지 않았던 패션 아이템에도 도전해보세요. 비싼 옷을 입으라는 것이 아니에요. 나에게 잘 어울리는 스타일을 찾기 위해 많은 실험이 필요하다는 거예요.

3단계. 기본 아이템이 중요해요

창의적인 스타일러가 되기 위해 중요한 것은 기본 아이템을 갖추는 거예요. 다양한 스타일을 만들 수 있는 티셔츠, 청바지, 재킷, 셔츠 등의 기본 아이템을 갖추는 것이 먼저예요.

우선, 나에게 있는 것이 무엇인지 파악해보세요. 이를 바탕으로 나만의 개성을 조합해보는 거예요.

특별히 좋아하는 옷이나 악세서리를 '나만의 시그니처 패션'으로 정하면 더 독창적일 수 있겠죠? 예를 들어, 모자, 밝은 색 양말, 머플러, 시계, 키링 등 자신을 쉽게 효과적으로 표현할 수 있는 아이템을 골라보는 거예요.

스티브 잡스의 패션 철학

스티브 잡스는 패션에서 기본 아이템으로 독창적인 철학을 보여준 인물이에요. 그의 시그니처 패션은 검은색 터틀넥, 리바이스 501 청바지, 뉴발란스 992 운동화였어요.

그는 놀랍게도 평생 단 하나의 스타일을 유지했어요. 실용성과 단순함을 극대화했어요. 그것은 일종의 자기표현이었고, 삶의 철학이기도 했어요.

패션 스타일 발전시키기

4단계. 자주 피드백 받기

친구나 가족에게 패션에 대해 피드백을 받아보세요. 다른 사람들이 보는 나의 모습은 어떤지 이야기를 들어보는 것은 무척 흥미로워요.

또는 거울에 나를 비춰 보세요. 거울 속 나의 모습을 보면서 옷과

액세서리의 조화를 느껴보는 것도 좋아요. 가족들 앞에서 모델이 되어 사진도 찍혀보고 이야기 들어보는 것도 아주 좋은 방법이에요.

5단계. 직접 실행하며 경험 쌓기

옷을 사지 않더라도 착용해볼 수 있는 기회는 얼마든지 있어요. 여가 시간에 다양한 매장에서 옷을 입어본 후 사진을 찍어두는 방법도 있어요. 어떤 핏과 컬러가 나에게 어울리는지 직접 확인할 수 있어요.

리바이스 청바지는 다양한 핏으로 유명해요. 501, 502, 505, 511, 512, 569.... 이 중에서 나의 체형과 취향에 맞는 핏을 알아두면 매우 유용하겠죠?

이런 식으로 다양한 스타일에 도전하다 보면 나에게 가장 편안하고 잘 맞는 스타일을 찾을 수 있을거예요.

6단계. 꾸준히 기록하며 발전시키기

오늘 입은 옷, 그 옷을 입고 느낀 기분을 짧게 메모해 보세요.
'오늘 이 셔츠는 생각보다 답답했어.'
'밝은 색 코디를 했더니 하루 종일 기분이 좋았어!'
이렇게 나만의 패션 일기(메모)를 쓰다 보면 내 스타일의 흐름을 읽을 수 있게 돼요. 꾸준한 관찰과 기록은 패션감각을 유지 및 향상시키는 비결이에요.

이 도전을 통해 얻을 수 있는 것들

- 자신만의 개성을 표현할 수 있어요.

- 자신감이 크게 올라가요.

- 패션 감각이 늘어요.

- 자기 표현 능력이 향상돼요.

- 스타일링 능력을 갖게 돼요.

- 자신을 사랑하는 마음이 생겨요.

자신만의 패션 스타일 찾기로 패션감각을 기르세요. 남다른 개성을 연출할 수 있어요. 패션은 단순히 옷을 입는 것이 아니라 나를 표현하는 예술이에요.

헤어스타일 확 바꿔보기

난이도 ★ ★ ★ ☆ ☆ | 예상 소요시간 1일

[연계] 중 기술가정(주도적 삶)

여러분도 이런 생각을 해본 적이 있나요?

　'헤어스타일을 바꾸는 것은 새로운 나를 환영하는 의식이다'라는 말이 있어요. 비달 사순은 "헤어스타일의 변화가 인생을 바꿀 수 있다"라고 말했고요. 에이브릴 라빈도 "새로운 헤어스타일은 새로운 태도의 시작이다"라고 말했어요.

　누구나 자신의 헤어스타일에 관심이 많아요. 머리카락을 길러도 보고, 짧게 커트도 해보고, 묶어도 보고, 염색하거나 파마를 하기도 해요. 각종 헤어 악세사리도 많아요. 사람들은 유행 따라 자신의 헤어 스타일에 다양한 변화를 시도해요.

헤어스타일 변화의 특별한 힘

존 프리다는 "헤어스타일은 당신이 누구인지, 말 없이도 드러내는 예술이다"라고 말했어요. 정말 그래요. 헤어스타일 하나만 바꿔도 완전히 다른 사람이 될 수 있거든요.

제가 개인적으로 경험한 파격변신은 단연 파마였어요. 왜냐하면 평소 알고있던 나의 이미지가 전혀 아니었기 때문이에요. 비포어 애프터가 확 달랐어요. 앞 머리만 부분 파마를 했음에도 이렇게 달라진 모습이 낯설기까지 했어요.

그런데 문제는 사람들의 반응이었어요. 물론 반응이 나쁘지는 않았지만 사람들 사이에서 주목받는 것 자체가 익숙하지 않아 부담이 되었어요. 한동안 모임에 못나갔을 정도였답니다.

하지만 왠지 굳어있던 나만의 틀이 깨지는 경험이었어요. 익숙하지 않은 전혀 다른 나의 모습은 신선한 충격이었어요.

변화가 주는 깨달음

나도 달라질 수 있구나! 나에게 잘 맞는 스타일이 있구나! 개성은 연출하기 나름이구나!

이런 깨달음은 자아개념(자신에 대한 스스로의 생각)을 확장시켰어요. 스스로에 대한 가능성을 보기 시작한 거예요. 확 바뀐 헤어스타일의 경험은 패션에도 변화를 주고, 말투에도 변화를 주는 계기가 되었어요.

헤어스타일 변화 대작전

1단계. 변화에 대한 마음의 준비

헤어스타일을 바꾸는 것은 용기가 필요해요. 특히 파격적인 변화일수록 더욱 그래요. 하지만 그만큼 얻는 것도 커요.

가장 큰 변화를 경험할 수 있는 것 중의 하나가 헤어스타일이에요. 물론, 변화의 대상이 꼭 헤어가 아니어도 돼요. 무엇이든 익숙해진 것과 결별해보는 것이 핵심이에요.

2단계. 스타일 연구하기

어떤 스타일로 바꿀지 미리 연구해보세요. 인터넷에서 다양한 헤어스타일을 찾아보고, 내 얼굴형과 어울리는 스타일을 골라보세요.

친구들이나 가족의 의견도 들어보세요. 때로는 다른 사람의 눈에서 보는 나에게 어울리는 스타일이 있을 수 있어요.

3단계. 전문가와 상담하기

미용실에 가서 전문가와 충분히 상담하세요. 내 머리카락 상태, 얼굴형, 라이프스타일을 고려해서 가장 적합한 스타일을 추천받을 수 있어요.

무작정 바꾸는 것보다는 전문가의 조언을 듣는 것이 실패 확률을 줄일 수 있어요.

4단계. 과감하게 도전하기

이왕이면 파격적 변신을 통해 사람들의 반응도 느껴보고 스스로를 혁신하는 기회가 되면 좋겠어요. 어색하다 해서 금방 원래의 모습으로 돌아가지는 말고요.

자주 입는 옷의 스타일이나 색상을 바꿔보는 것도 좋아요. 부모님에게 사용하는 언어를 높임말로 확 바꿔보는 것도 좋은 방법이에요.

헤어스타일 변화의 다양한 효과

자기관리의 기초

헤어스타일에 변화를 주거나 잘 유지관리하는 것은 자기관리의 기초이기도 해요.

자신감과 도전정신

파격 변신을 경험해본 사람과 그렇지 않은 사람은 분명 차이가 있어요. 자신에 대한 자신감과, 도전적인 자세에 있어 그래요.

타인에 대한 이해

그만큼 다른 사람에게서 나타나는 변화도 잘 감지할 수 있답니다. 또한 그들의 개성도 깊이 존중할 수 있다고 생각해요.

열린 마음

천편일률적이고 획일적인 세상이 아니라, 다양한 세상에 대한 열린 마음도 기를 수 있어요.

이 도전을 통해 얻을 수 있는 것들

- 새로운 자신을 발견해요.
- 자신감이 크게 올라가요.
- 변화에 대한 두려움이 줄어들어요.
- 도전정신이 생겨요.
- 자아개념이 확장돼요.
- 개성을 표현하는 능력이 늘어나요.

확 바뀐 나만의 헤어스타일 체험으로 자신에 대한 고정관념을 깨보세요. 변화의 물꼬가 터져요. 헤어스타일 하나만 바꿔도 인생이 바뀔 수 있다는 말, 과장이 아니에요.

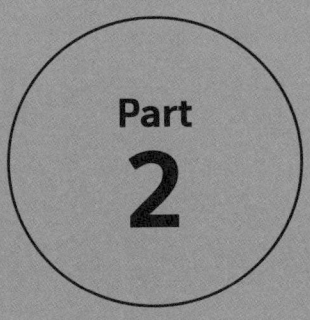

Part

2

"창조하는 나"

– 창의력을 키우는 시간 –

"창의력은 특별한 사람들만 가진 것이 아니에요. 모든 사람 안에 잠들어 있는 거예요. 문제는 그것을 깨우는 방법을 모른다는 거죠. 지금부터 여러분 안의 예술가를 깨워보아요!"

10대만 가능한
31가지 도전

나만의 노래 만들어보기

난이도 ★★★★★ | 예상 소요시간 1-2주일

[연계] 초1 국어(문학) · 초3·4 음악(창작) · 중 음악(창작)

여러분도 이런 생각을 해본 적이 있나요?

음악가도 아닌데 무슨 자작곡을 만드냐고요? 아니에요. 누구나 만들 수 있지만 아무나 만들지 못하는 것이 자작곡이지요. '누구나'라는 말을 주목하세요! 누구나 필요를 알면 음악적 재능이 부족해도 얼마든지 도전할 수 있어요.

한스 짐머는 "가장 깊은 감정은 멜로디에 실려 나온다"라고 말했어요. 엘튼 존도 "창작은 내가 나를 다시 발견하는 여정이다"라고 말했고요. '당신의 감정은 노래가 될 자격이 있다'는 말도 있어요.

자작곡이 주는 특별한 의미

자작곡은 아주 특별한 의미가 있어요. 내가 생각하는 삶에 대한 가치관을 노랫말로 표현해서 나만의 독특한 곡조로 완성하기 때문이에요. 음악적으로 화려하지 않아도 되고 얼마든지 소박해도 돼요. 심지어 누군가의 도움을 받아도 돼요. 요즘은 이것을 아주 쉽게 구현해 주는 AI도 있어요.

이렇게 완성된 자작곡은 그만큼 애정이 묻어나요. 스스로를 감동케 할 뿐만 아니라 다른 사람들에게 남다른 메시지를 전달할 수 있어요.

실제 자작곡 사례

제가 만든 자작곡을 소개할 차례예요.

R=VD 송

어느날 불어온 바람(hope)은 그냥 바람(wind)이 되면 안돼요.
우리의 바람(hope)은 바람(wind)처럼 휘~ 휘~ 오지만
생생한 꿈으로 변신 변신이 필요해요.

1프로라고도 하지요. 생생하게 꿈꿔봐요.

알(R)이 나와요. R=VD, R=VD 리얼라이제이션. 와우!

꿈은 생생하게 행복하게 절실하게

꿈은 생생하게 행복하게 절실하게

생생하게 행복하게 절실하게 꿈꿔요!

매우 유치하다고요? 그래도 괜찮아요. 누가 뭐래도 저에게만은 너무나 특별하니까요.

자작곡 탄생 스토리

저는 음악을 좋아하긴 하지만 음악적 재능은 없는 편이에요. 그런데 이런 저에게 이상한 일이 생겼어요. '나만의 주제곡'을 만들어보고 싶은 강렬한 바람(hope)이 생긴거예요. 숙제도 아니었고, 주어진 미션도 아니었어요.

사실 이런 자작곡에 대한 바람(hope)이 생겼을 때 처음엔 감히 엄두를 못냈어요. 하지만 꼭 만들어보고 싶다는 간절한 마음(영감)이 강력한 추진력이 되었어요. 그래서 되든 안되든 잘되든 못되든 시도할 수 있었어요.

일단 꿈과 희망에 대한 가사를 적고 싶었어요. 감동적으로 보았던 영화 〈세 얼간이〉를 모티브로 했어요. 감명 깊게 읽었던 책 《꿈꾸는 다락방》도 도움이 되었어요. '나의 삶을 이렇게 외치며 도전해볼거야!'

라는 생각을 가사에 담았어요.

창작 과정의 즐거움

어느 순간 집에 있는 전자피아노를 두드리고 있는 자신을 발견했어요. 음악적으로 맞는지 틀리는지도 모른 채 말이에요. 그런데 신기한 일들이 벌어졌어요. 약간은 새롭게 느껴지는 재미있는 리듬들이 떠오르는 거예요.

한 번도 해보지 않았던 것을 도전하고 있는 자체가 아주 흥미로웠어요. 그리고 시행착오 끝에 곡은 완성되었어요. 저의 자작곡은 무려 30분만에 만들어졌답니다.

이후로 힘들 때, 의기소침할 때, 답답할 때 이 노래를 불렀어요. 때로는 시도때도 없이 불렀어요. 그리고 감히... 학교 아이들에게도 불러주고, 교사 연수 때도 불러보았어요.

청중들의 반응은 정말 최고였어요. 예상치 못한 좋은 반응에 더 큰 용기를 얻게 되었어요. 세련되지는 않지만 독특한 나만의 스토리에 사람들이 반응해 준 것이라 생각했어요.

자작곡 만들기 대작전

1단계. 주제 정하기

여러분의 인생 슬로건, 꿈과 목표에 대한 인생곡도 좋고, 가족을 위해 바치는 애틋한 헌정곡도 좋아요. 〈히든싱어 4〉에 출연한 김진호 씨는 어머니만을 위한 자작곡을 발표하기도 했어요. 친구들에게 전하는 끈끈한 우정곡도 너무 좋을 거 같아요.

2단계. 가사부터 써보기

가사라도 한 번 적어볼까요? 일단 한 번 써보세요. 쓰는 즉시 여러분의 삶에 의미가 부여돼요. 반드시 노래로 탄생되지 않아도 좋으니 그냥 써보세요. 나의 삶이 가치 있게 느껴져요.

여러분이 추구하는 삶에 대해 고민해 본 후 막 쓰세요. 나의 마음에 와닿는 구절들이 눈에 들어올 거예요. 적다보면 생각이 정리되고 내가 진짜로 원하는 것이 무엇인지 깨닫게 돼요. 나를 발견하게 되는 좋은 기회가 되겠죠?

3단계. 멜로디 만들기

악기를 다룰 수 있다면 직접 멜로디를 만들어보세요. 악기를 못 다뤄도 괜찮아요. 콧노래로라도 멜로디를 만들 수 있어요. 요즘은 AI 작곡 프로그램도 많으니 활용해보세요.

4단계. 완성하고 공유하기

완성된 자작곡을 가족이나 친구들에게 들려주세요. 부끄러워하지 마세요. 여러분만의 특별한 이야기가 담긴 노래니까요.

이 도전을 통해 얻을 수 있는 것들

- 창의력이 폭발적으로 늘어나요.

- 자신만의 특별한 작품을 갖게 돼요.

- 감정 표현 능력이 향상돼요.

- 자신감이 크게 올라가요.

- 음악에 대한 이해가 깊어져요.

- 평생 기억에 남을 경험을 해요.

이때 저는 '도전은 이런 식으로 과감하게 하는 거구나!', '나도 할 수 있구나!', '나도 제법 괜찮은 사람이구나!'라는 것을 깨달을 수 있었어요. 온갖 즐거움, 행복감은 덤으로 따라왔어요.

여러분도 얼마든지 할 수 있어요. 여러분이 세상에 단 하나뿐인 것처럼, 세상에 하나뿐인 여러분만의 주제곡을 멋지게 만들어보면 좋겠어요.

브라이언 이노는 "음표 하나하나에 나를 담는다는 것은 세상과 나를 연결하는 일이다"라고 말했어요. 자작곡을 만들어보세요. 나만의 주제곡, 가족을 위해 바치는 헌정곡도 좋아요.

악기 하나쯤 마스터하기

도전
12

난이도 ★★★★☆ | 예상 소요시간 3-6개월

[연계] 초3·4 음악(리코더) · 중 음악(연주)

여러분도 이런 생각을 해본 적이 있나요?

'악기를 마스터하는 것은 결국 나 자신을 마스터하는 일이다'라는 말이 있어요. '하나의 악기를 마스터하면 세상을 다르게 듣게 된다'라 는 말도 있고요.

이젠 그야말로 문화예술의 시대예요. 특히 공연문화는 우리의 삶 속에 깊이 뿌리내렸다 해도 과언이 아니에요. 입학식이나 졸업식에 공 연이 없다면 앙꼬 빠진 빵, 스프 없이 먹는 라면처럼 밋밋하고 싱겁지 않을까요?

악기가 주는 특별한 힘

이런 공연문화에 빠질 수 없는 것이 있어요. 바로 악기예요. 악기 하나쯤은 탁월하게 잘할 수 있어야 한다고 생각해요. 개인적인 취미 차원이나 속한 공동체에 대한 기여 차원에서도 악기는 매우 유용해요.

악기를 탁월하게 잘하기 위해서는 물론 수많은 시간과 연습이 필요해요. 그래서 선뜻 배움을 시작 못하는 것 같아요. 하지만 단기간에도 습득할 수 있는 악기들은 생각보다 많아요.

시작하기 좋은 악기들

리코더의 무한한 가능성

초등학교에서는 기본적으로 리코더, 단소 등을 배우고 있지요. 나아가 칼림바, 우쿨렐레, 장구, 하모니카도 배워요. 리코더라고 해서 시시하게 생각하는 사람들이 많은데요. 절대 그렇지 않아요. 얼마든지 근사하게 무대연주를 할 수 있거든요.

리코더 하나면 충분해요. 특별한 생일 축하공연을 할 수도 있어요. 정말이냐고요? 대신 특별한 연주가 될 수 있도록 특별한 선곡이 필요해요. 열심히 연습한다면 얼마든지 탁월한 연주가 가능해요.

기타와 우쿨렐레

기타와 우쿨렐레는 기본 코드만 잘 익혀두면 어렵지 않게 반주 및 연주를 할 수 있어요.

피아노

피아노는 아주 많은 학생들이 배우고 있는 대표 악기예요. 역시 자유자재로 연주할 수 있는 대표곡들을 준비할 필요가 있어요.

특별한 악기들

무엇이든 특별한 악기를 배워두는 것도 아주 좋아요. 클라리넷 등의 목관악기 클래스는 방과후학교에 개설되었다면 활용해 보세요.

실제 경험담: 클라리넷과의 만남

저는 초등학교 시절 클라리넷을 배울 수 있었어요. 4학년 때 밴드부 선발을 하였는데 운 좋게 제가 뽑혔어요. 사실은 밴드부에 지원하는 학생들이 없어서 담당선생님이 전교를 다니시면서 신규단원을 모집했어요. 그런데 그때 리코더를 잘한다는 이유만으로 선발되었던 거예요.

그 시절엔 클라리넷, 트럼펫, 트럼본 등 고가의 악기들을 갖춘 밴드부는 전국에 몇 안되었어요. 그런데 우리 학교는 훌륭하신 학교 선배님의 기부 덕분에 멋진 밴드부가 탄생할 수 있었어요.

우리는 대회 참가를 위해 매일 열심히 연습했고, 마침내 충청남도 대회에서 우승을 할 수 있었어요. 학교 운동회 때는 의식곡을 연주하였고, 화려하고 멋진 제복을 입고 퍼레이드를 선보이기도 했지요.

사실 매일 연습한다는 것이 쉽지는 않았어요. 하지만 악기의 특성상 매일 조금씩 연습해야 하는 것은 맞는 거 같아요. 덕분에 어려운 악기를 어느 정도 수준까지는 잘 익힐 수 있었어요.

리코더만으로도 충분하다

고등학교 시절 악기 수행평가 시간이었어요. 많은 친구들이 기타, 바이올린 등을 들고 나왔지만 결과는 신통치가 않았어요. 그런데 제가 리코더를 들고 나온 거예요. 당시에 친구들은 이런 저를 '초딩' 취급 했어요. 음악선생님의 한심하다는 듯 째려보시는 지긋한 눈빛도 기억에 생생해요.

수군수군, 시끌시끌. 하지만 저의 연주가 시작되자 분위기는 달라졌어요. 밴드부 시절 익혔던 곡을 리코더로 재현했을 뿐이었어요. 라쿰파르시타, 헝거리안 무곡, 콰이강의 행진곡, 홈스위트홈. 4개의 곡을 메들리로 연주했거든요. 그것도 리코더로.

'파솔라파미솔라미 레미파레도레미도 레도도시시미라 라! ~~~ 라솔라!!', '도시라솔미도미 솔솔라솔솔라솔 솔미 미파솔미미도~'

리코더로 모두를 열광케 했다면 믿으시겠어요?

박수갈채가 터져나왔고, 음악선생님께서는 당연하다는 듯 그리아끼시던 A+를 외쳐주셨어요. 저도 무척 감격스러웠어요.

저는 이 수행평가를 위해 특별히 준비한 것이 없었어요. 그저 어린 시절부터 나만의 특기라고 생각하며 연습해 둔 것이었기 때문에 그저 있는 모습 그대로를 꺼내서 보여주었을 뿐이에요.

악기의 평생 가치

저는 초등학교 시절에 배웠던 클라리넷을 새까맣게 잊고 지냈어요. 그러다가 성인이 된 후 우연한 기회에 다시 악기를 시작할 수 있었어요. 다행히 10대 시절에 익힌 악기는 상당 부분 몸에 체화되어 있었어요. 그래서 다시 시작하는 것에 큰 어려움이 없었어요.

심지어 각종 축하공연이 필요할 때 기꺼이 공연지원을 할 수 있었어요. 아주 작은 노력만으로도 큰 기쁨을 나눌 수 있었어요. 악기는 우리의 삶을 풍요롭게 하는 마법과 같은 것임을 알게 되었어요.

악기 마스터하기 대작전

1단계. 악기 선택하기

리코더나 하모니카로 마법 같은 경험을 해보세요! 특히 하모니카는 생각보다 연주가 쉬운 악기예요. 단순한 연주만으로도 많은 울림을 줄 수 있는 악기예요.

여러분에게 관심이 가는 비교적 문턱이 낮은 악기는 무엇인가요? 그것으로 다재다능한 사람이 되어 보세요.

2단계. 기본기 익히기

어떤 악기든 기본기가 중요해요. 처음에는 지루할 수 있지만, 기본기가 탄탄해야 나중에 멋진 연주를 할 수 있어요.

3단계. 꾸준한 연습

악기는 하루아침에 늘지 않아요. 매일 조금씩이라도 꾸준히 연습하는 것이 중요해요. 하루 10분이라도 매일 하는 것이 일주일에 한 번 1시간 하는 것보다 효과적이에요.

4단계. 목표곡 정하기

연주하고 싶은 목표곡을 정하세요. 좋아하는 노래나 의미 있는 곡을 선택하면 연습에 더 재미를 느낄 수 있어요.

5단계. 공연 기회 만들기

기회가 된다면 작은 음악회의 주인공이 되어보시는 것도 추천해요. 가족이나 친구들 앞에서라도 연주해보세요. 공연 경험은 실력 향상에 큰 도움이 돼요.

이 도전을 통해 얻을 수 있는 것들

• 평생 함께할 특기를 갖게 돼요.

• 음악적 감성이 풍부해져요.

• 집중력과 인내심이 늘어나요.

• 자신감이 크게 올라가요.

• 공연 기회에 당당히 나설 수 있어요.

• 스트레스 해소 방법을 갖게 돼요.

꼭 재능이 많아야 다재다능해지는 것은 아니에요. 그것은 얼마나 많이 경험하고 도전하느냐에 따라 결정된다고 생각해요. 어떤 악기든 하나쯤은 확실하게 마스터하세요. 평생의 남다른 자랑거리가 돼요.

도전 13

좋은 문장 30개 모으기

난이도 ★★☆☆☆ | **예상 소요시간** 1개월

[연계] 고 국어(읽기·진로 독서)

여러분도 이런 경험이 있나요?

　책을 읽다가 '와, 이 문장 정말 좋다!'라고 생각한 적 있나요? 그런데 며칠 지나면 그 감동적인 문장이 기억나지 않아서 아쉬웠던 경험은요?

　정혜신 박사는 "한 줄의 문장이 어떤 날엔 사람을 살린다."라고 말했어요. 정말 그래요. 단 한 줄의 문장이 우리 인생을 바꿀 수 있거든요.

왜 좋은 문장을 모아야 할까요?

좋은 문장은 단순한 글 이상의 가치를 가져요. 우리의 생각을 정리해주고, 영감을 주고, 때로는 방향을 제시해주죠. 힘든 순간에는 위로가 되고, 꿈을 꿀 때는 용기를 줘요.

《어린왕자》의 "가장 중요한 것은 눈에 보이지 않아."라는 문장처럼, 짧지만 깊은 울림을 주는 문장들이 있어요. 이런 문장들을 모으는 것은 나만의 보물상자를 만드는 일이에요.

어떻게 좋은 문장을 찾을 수 있을까요?

1단계. 다양한 곳에서 문장 찾기

책을 읽을 때 마음에 와닿는 문장에 밑줄을 그어보세요. 교과서나 문제집에서도 좋은 문장을 발견할 수 있어요. 영화나 드라마의 감동적인 대사도 훌륭한 문장이 될 수 있어요.

노래 가사에도 짧지만 강렬한 메시지가 담겨 있어요. SNS나 인터넷에서 사람들이 공유한 명언도 좋고, 친구나 가족과의 대화에서 나온 특별한 말도 수집해볼 수 있어요.

2단계. 체계적으로 기록하기

자신만의 노트나 수첩을 준비하세요. 스마트폰 메모장이나 구글 문서를 활용해도 좋아요. 문장을 기록할 때는 출처와 왜 이 문장이 좋았는지 이유도 함께 적어보세요.

'꿈과 진로', '도전과 용기', '우정과 사랑', '위로와 희망' 같은 주제별로 분류해서 모으면 나중에 찾아보기 쉬워요.

3단계. 반복해서 읽고 내 것으로 만들기

모은 문장들을 자주 읽어보세요. 그 과정에서 문장이 주는 메시지가 더 깊게 와닿을 거예요. 좋은 문장을 SNS에 공유하거나 친구들과 나누는 것도 좋은 방법이에요.

이 도전을 통해 얻을 수 있는 것들

- 자신만의 철학과 가치관이 정리돼요.
- 힘들 때 위로받을 수 있는 문장들을 갖게 돼요.
- 글쓰기 실력이 향상돼요.
- 깊이 있는 사고력이 생겨요.
- 감성이 풍부해져요.

좋은 문장 30개를 모으는 과정은 나를 알아가는 시간이기도 해요. 어떤 문장에 끌리는지 보면 자신의 마음 상태와 가치관을 알 수 있거든요.

좋은 문장은 삶의 작은 등대 같아요. 길을 잃었을 때 방향을 제시해주고, 두렵고 불안할 때 용기를 줘요. 눈을 크게 뜨고 찾아보세요. 보석 같은 최고의 문장을!

이제 좋은 문장을 모았으니, 책 한 권을 단숨에 독파하는 '빡독'에
도전해볼까요?

도전 14

빠독 경험하기
(한 자리에서 책 한 권 독파하기)

난이도 ★★★★☆ | 예상 소요시간 1일

[연계] 초3·4 국어(읽기 습관) · 초2 국어(문학) · 초5 국어(여러 방법으로 읽기)

여러분도 이런 경험이 있나요?

책을 읽다가 중간에 포기한 적 있나요? 아니면 책을 읽는 것이 너무 느려서 답답했던 적은요?

'빠독'이라는 말 들어봤나요? '빠세게' 집중해서 독서하는 것이 빠독이에요. 여유롭게 하는 독서도 좋지만, 때로는 저돌적으로 독서의 세계에 빠져보는 경험이 필요해요.

왜 빡독이 중요할까요?

군대에 입대하면 훈련소를 거치잖아요? 그곳에서 집중적인 훈련을 받은 후 자대에 배치되죠. 훈련소에서의 경험이 이후 군생활에 큰 영향을 미치는 것처럼, 빡독도 독서 근육을 만드는 훈련소 같은 역할을 해요.

독서도 내공이 필요해요. 오랫동안 책을 읽었다고 해서 독서 내공이 훌륭한 것은 아니에요. 중요한 것은 '얼마나 집중해서 깊이 읽었느냐'예요.

빡독은 어떻게 하는 것일까요?

1단계. 책 선택하기

처음에는 너무 어려운 책보다는 흥미로운 소설이나 에세이를 선택하세요. 200-300페이지 정도의 적당한 분량이 좋아요. 평소에 관심 있던 주제의 책을 고르면 더 몰입하기 쉬워요.

2단계. 환경 조성하기

스마트폰은 다른 방에 두거나 비행기 모드로 설정하세요. 조용하고 편안한 공간을 만들어요. 충분한 물과 간단한 간식을 준비하고, 방해받지 않을 시간을 확보하세요.

3단계. 집중해서 읽기

한 번 시작하면 끝까지 읽어보세요. 중간에 멈추지 말고 쭉 밀어붙여요. 이해가 안 되는 부분이 있어도 일단 넘어가세요. 전체적인 흐름을 파악하는 것이 더 중요해요.

4단계. 몰입의 경험 즐기기

책 속 세상에 완전히 빠져보세요. 주인공이 된 것처럼, 그 상황에 있는 것처럼 상상하며 읽어보세요. 시간 가는 줄 모르고 읽게 될 거예요.

이 도전을 통해 얻을 수 있는 것들

- 집중력이 크게 향상돼요.
- 독서 속도가 빨라져요.
- 책 읽는 자신감이 생겨요.
- 몰입의 즐거움을 경험해요.
- 독서 근육이 만들어져요.

빡독을 한 번 경험하면 독서에 대한 인식이 완전히 바뀔 거예요. '나도 책을 이렇게 빨리 읽을 수 있구나!', '집중하면 이렇게 재미있구나!'라는 걸 깨닫게 될 거예요.

처음에는 힘들 수 있지만, 한 번 성공하면 독서가 훨씬 쉽고 재미있어져요. 마라톤을 완주한 것 같은 성취감도 느낄 수 있고요.

명작영화 감상하기
(다양한 장르)

난이도 ★★★☆☆ | 예상 소요시간 2-3주일

[연계] 고 기술가정(관계) · 초중고 창의적 체험활동(진로)

여러분도 이런 경험이 있나요?

　친구들과 영화 이야기를 할 때 별로 할 말이 없어서 아웃사이더 가 된 적 있나요? 아니면 영화를 보긴했지만 별로 기억에 남는 것이 없어서 실망한 적은요?

　페데리코 펠리니는 "영화를 감상하는 것은 또 다른 삶을 경험하 는 것이다."라고 말했어요. 정말 그래요. 좋은 영화는 우리에게 다양한 삶의 모습을 보여주고, 깊은 감동과 깨달음을 줘요.

왜 명작영화를 봐야 할까요?

좋은 영화는 단순한 오락이 아니에요. 우리의 제한적인 경험을 확장시켜주고, 인간에 대한 이해를 깊게 해줘요. 영화를 통해 간접 경험을 하면서 수많은 시행착오를 줄일 수도 있어요.

무엇보다 명작영화들은 이미 많은 사람들에 의해 검증된 작품들이에요. 시간과 공간을 초월해서 사랑받는 이유가 있는 거죠.

어떻게 명작영화를 선택하고 감상할까요?

1단계. 신중한 선택하기

친구나 지인들의 추천을 받아보세요. 인터넷에서 믿을 만한 사람이 추천하는 영화들을 1차로 수집하고, 그 중에서 개인적 취향과 호기심을 반영한 2차 리스트를 만들어보세요.

적게는 5편, 많게는 10편 정도가 적당해요. 너무 많으면 부담스럽고, 너무 적으면 다양성이 부족할 수 있거든요.

2단계. 완전 몰입해서 감상하기

컨디션이 좋을 때 모든 오감을 발휘해서 집중하며 감상하세요. 치킨이나 팝콘 같은 간식은 가급적 피하는 것이 좋아요. 영화에만 온전히 집중할 수 있거든요.

스마트폰은 다른 곳에 두고, 방해받지 않을 환경을 만드세요. 영화가 주는 특별한 느낌, 정서, 분위기와 교훈을 온전히 받아들여보세요.

3단계. 감상 후 정리하기

영화를 본 후에는 간단하게라도 감상을 정리해보세요. 어떤 장면이 가장 인상 깊었는지, 어떤 메시지를 받았는지, 어떤 감정을 느꼈는지 기록해보는 거예요.

다시 보고 싶은 영화가 있다면 또 보세요. 볼 때마다 다른 느낌, 다른 감동을 받을 수 있어요.

이 도전을 통해 얻을 수 있는 것들

- 다양한 삶의 모습을 간접 경험해요.
- 감성과 상상력이 풍부해져요.
- 깊이 있는 사고력이 생겨요.
- 문화적 소양이 늘어나요.
- 친구들과 나눌 이야기가 많아져요.

명작영화는 여러분의 인생에 큰 영향을 줄 수 있어요. 어떤 영화는 여러분의 꿈을 바꿀 수도 있고, 어떤 영화는 힘든 순간에 위로가 될 수도 있어요.

유튜브 숏영상으로 시간을 보내는 것보다는 명작영화를 통해 삶에 대해 생각하며 의미 있는 시간을 보내보세요. 훌륭한 여가생활이 될 거예요.

내 방 내 맘대로 꾸며보기

난이도 ★★★☆☆ | 예상 소요시간 1주일

[연계] 초4 미술(미적체험) · 초5 실과(공간 관리) · 중 미술(표현)

여러분도 이런 생각을 해본 적이 있나요?

'내 방이 좀 더 예뻤으면 좋겠다.', '친구 방은 왜 이렇게 멋있지?'라고 생각해본 적 있나요?

유현준 교수는 "공간은 사람에게 무의식적으로 영향을 미친다."라고 했어요. 정말 그래요. 내 방은 단순히 잠만 자는 곳이 아니라, 나만의 세계이자 내 취향과 가치가 담긴 작은 우주예요.

왜 내 방을 꾸미는 게 중요할까요?

공간이 바뀌면 기분이 바뀌고 삶도 달라져요. 내가 머무는 공간이 특별해지면, 그 안에서 보내는 시간도 더 의미가 있어져요. 내 방이 나를 표현하는 공간이 되면, 그곳에서 더욱 나다운 모습으로 살아갈 수 있지요.

어떻게 내 방을 꾸밀 수 있을까요?

1단계. 나만의 컨셉 정하기

먼저 나를 가장 잘 표현할 수 있는 컨셉을 정해보세요.

'빈티지 감성'은 어떤가요? 오래된 영화 포스터나 흑백사진, 따뜻한 색감의 조명이 어울려요.

'미니멀한 깔끔함'도 좋아요. 군더더기 없는 정돈된 분위기는 마음까지 깔끔하게 만들어줘요.

'자연 속 힐링공간'도 멋져요. 초록초록한 화분과 자연 사진, 원목 느낌의 가구들이 편안함을 주지요.

'여행자의 방'은 어떤가요? 세계 지도, 엽서, 여행지에서 모은 기념품들로 꾸미는 거예요.

2단계. 벽면 활용하기

방의 벽면은 커다란 캔버스 같아요. 벽면을 잘 활용하면 작은 노력으로도 큰 변화를 만들 수 있어요.

좋아하는 글귀를 액자에 넣어 걸어보세요. 여행지에서 찍은 사진이나 좋아하는 사람들의 사진으로 벽면을 꾸며도 좋아요.

LED 조명으로 은은한 빛을 더하거나, 예쁜 코르크 보드에 사진과 메모를 꽂아두는 것도 멋져요.

3단계. 가구 배치 바꾸기

책상을 창가 쪽으로 옮겨보세요. 자연광을 받으며 공부하는 것은 건강에도 좋고 마음도 환해져요.

침대는 벽 쪽에 두어 아늑함을 살리거나, 방이 크다면 가운데 배치해서 중심 공간으로 활용할 수 있어요.

빈 공간에 작은 러그를 깔고 의자나 테이블을 놓으면, 나만의 특별한 공간이 돼요.

4단계. 소품으로 감성 더하기

식물은 생명력을 더해주고 안정감을 줘요. 향초나 디퓨저로 나만의 향을 만들 수도 있어요.

침대 위에는 폭신한 담요와 쿠션으로 포근한 분위기를 연출하세요. 거울은 공간감을 넓혀주는 역할도 해요.

요즘 다이소에서도 저렴한 소품들을 쉽게 구할 수 있으니 마음껏 감성을 살려보세요.

5단계. 정리정돈으로 완성하기

'버리는 것이 곧 더하는 것이다'라는 말처럼, 필요 없는 물건은 과감히 정리해보세요. 하루 5분이면 충분해요.

깔끔하게 정리된 방은 화룡점정이에요. 공간을 훨씬 돋보이게 해 줘요.

이 도전을 통해 얻을 수 있는 것들

- 나만의 특별한 공간을 갖게 돼요.
- 집에 있는 시간이 더 즐거워져요.
- 창의력과 미적 감각이 향상돼요.
- 정리정돈 습관이 생겨요.
- 자신감과 만족감이 올라가요.

공간이 변하면 사람도 변할 수 있어요. 내가 손수 꾸민 방에서 마음껏 나를 표현하고, 새로운 도전을 시작해보세요. 친구를 초대해서 나만의 공간을 자랑할 수도 있어요.

지금 당장 내 방을 살펴보세요. 벽에 마음에 드는 사진 하나를 붙이거나, 책상 위를 깔끔하게 정리하는 것부터 시작해보세요. 시작이 반이에요!

Part

3

"함께하는 나"

– 관계와 추억 만들기 –

"함께하는 '관계의 즐거움'이 우리를 행복하게 해요. 곁에 있는 가족, 친구, 자연과 적극 함께 해보세요. 멋진 나만의 소중한 추억들을 만끽할 수 있어요!"

가족을 위한 서프라이즈

난이도 ★★★☆☆ | 예상 소요시간 1주일

[연계] 초1 바른생활(사람들) · 초3 도덕(가족) · 중 기술가정(관계)

여러분도 이런 생각을 해본 적이 있나요?

'우리 가족을 위해 뭔가 특별한 것을 해주고 싶다.'라고 생각해본 적 있나요? 항상 받기만 했는데, 이번엔 내가 가족들을 기쁘게 해주고 싶다는 마음 말이에요.

사라 디센은 "사랑은 말보다 행동에서 더 크게 들린다."라고 했어요. 정말 그래요. 가족에게 주는 기쁨은 세상 어떤 일보다 가치 있어요.

왜 가족을 위한 서프라이즈가 중요할까요?

가족만큼 나에게 관심이 있고 나를 사랑해주는 존재가 있을까요? 피보다 진한 것은 없다고 하잖아요. 가족은 가족이라는 마음만으로도 참 소중한 거예요.

그런 특별한 가족을 위해 내가 할 수 있는 최선을 다해야겠죠? 그중에 하나가 서프라이즈 이벤트일 수 있어요. 나의 사랑과 진심을 서프라이즈 형태로 표현하는 것이지요.

어떤 서프라이즈를 할 수 있을까요?

1단계. 기념일 활용하기

가족의 생일은 매년 반복되는 특별한 날이에요. 이 날을 위해 특별 이벤트를 계획해보세요.

많은 돈이 필요한 것은 아니에요. 용돈으로 케이크를 장만하고, 학교나 학원에서 배운 것으로 축하 공연을 할 수도 있어요. 손수 준비한 편지를 낭독하는 시간을 가져도 좋아요.

요즘은 파티용 소품들을 쉽게 구할 수 있어요. 분위기를 한층 고조시킬 수 있겠죠!

2단계. 나는 짜파게티 요리사!

기념일이 아니어도 좋아요. 엄마가 피곤해 보일 때, 가족들이 우울해 보일 때 "오늘은 내가 짜파게티 요리사!"라고 선언해보세요.

요리사의 트레이드마크인 앞치마를 두르고 요리사 모자를 쓴다면 특별함도 더해져요. 내가 만든 요리로 온 가족을 먹이는 거예요.

항상 받기만 했는데 이번엔 반대로 해보는 거예요. 내가 아닌 누군가를 기쁘게 한다는 것만으로도 우리의 행복 호르몬은 상승한답니다.

3단계. 가족을 위한 쿠폰 발행

나만의 쿠폰을 발행해보세요. 예를 들어:

- 3분 마사지 이용권

- 설거지 이용권

- 분리수거 이용권

- 무엇이든 이용권

가족들이 필요로 하는 것이 무엇인지 미리 파악해 놓으면 좋겠죠? 묻지도 따지지도 않는 가족을 위한 맞춤형 봉사활동이라고 할 수 있어요.

누군가의 필요를 알고 채워준다는 것은 쉽지 않은 일이에요. 하지만 이런 기회에 자기중심적인 마음을 거꾸로 뒤집어 보면 어떨까요?

이 도전을 통해 얻을 수 있는 것들

- 가족과의 관계가 더욱 돈독해져요.

- 베푸는 기쁨을 경험해요.

- 자신에 대한 뿌듯함을 느껴요.

- 성장한 나의 모습을 발견해요.

- 가족들의 행복한 미소를 볼 수 있어요.

가족을 위한 서프라이즈는 받는 사람뿐만 아니라 주는 사람도 행복하게 만들어요. 조금 더 나아진 나의 모습을 느껴보는 것만으로도 무척 행복하답니다.

연락 끊긴 친구에게 연락해보기

난이도 ★★★★☆ | 예상 소요시간 1일

[연계] 초4 도덕(관점 수용) · 초5 실과(서로 다름 존중) · 초5 도덕(갈등 해결) · 중 도덕 (타인 관계) · 중고 기술가정(관계)

여러분도 이런 경험이 있나요?

　정말 친했는데 어쩌다 보니 연락이 끊긴 친구가 있나요? 다시 연락하고 싶은데 자존심 때문에, 거절당할까 봐 두려워서 망설이고 있는 친구 말이에요.

　살다 보면 인간관계가 정말 쉽지 않다는 것을 알게 돼요. 누구에게나 연락이 끊긴 친구들이 있어요. 이유는 정말 다양해요. 바빠서, 다른 반이 되어서, 이사를 가서, 작은 다툼 때문에, 그리고 어쩌다 보니…

왜 용기 내어 연락해야 할까요?

삶은 BCD라고 해요. Birth와 Death 사이에는 C가 있다고 해요. 바로 Connection(연결)이에요. 사람은 사람들과 관계를 잘해야 해요.

잘 연결되려면 Contact(연락)이 필수예요. 연락을 주고받는 과정에서 상대에 대한 Comprehension(이해)이 생기거든요. 자주 만나는 Contact(접촉)도 필요하고, 이 모든 것을 통해 Communication(소통)이 이루어져요.

이런 인간관계는 저절로 되지 않아요. Control(조절)이 필요해요. 관리를 소홀히 하면 결국 Cut(단절)될 수밖에 없어요.

어떻게 용기 내어 연락할까요?

1단계. 마음 정리하기

먼저 왜 그 친구와 다시 연락하고 싶은지 생각해보세요. 진심으로 관계를 회복하고 싶은 마음인지, 아니면 단순한 호기심인지 확인해보는 거예요.

2단계. 자연스럽게 시작하기

"안녕! 오랜만이야. 요즘 어떻게 지내?" 같은 간단한 인사로 시작하세요. 너무 무겁게 접근하지 말고 가볍게 시작하는 게 좋아요.

3단계. 진심 전하기

만약 과거에 오해나 다툼이 있었다면, 솔직하게 마음을 전해보세요. "그때 내가 잘못했던 것 같아. 미안해."라고 말하는 용기가 필요해요.

4단계. 결과에 연연하지 않기

상대방이 어떤 반응을 보이든 쿨하게 받아들이세요. 용기 내서 연락했다는 것만으로도 훌륭한 일이니까요.

이 도전을 통해 얻을 수 있는 것들

- 인간관계에 대한 자신감을 얻어요.
- 용기 있는 사람으로 성장해요.
- 소중한 친구를 되찾을 수 있어요.
- 마음의 부담을 내려놓을 수 있어요.
- 관계 회복의 기쁨을 경험해요.

생각보다 쉽게 관계가 회복될 수 있다는 것을 경험하게 될 거예요. 이것을 기회로 평생의 둘도 없는 친구가 될지 아무도 모르는 거예요.

혹시 안 되더라도 괜찮아요. 용기 내서 연락했다는 것만으로도 충분히 자랑스러운 일이에요.

타임캡슐 만들기
(미래의 나에게 편지 쓰기 등)

난이도 ★★★★☆ | 예상 소요시간 1일

[연계] 초2 슬기로운생활(인물) · 초3 사회(과거 이해) · 초중고 창의적 체험활동(진로)

여러분도 이런 상상을 해본 적이 있나요?

'10년 후의 나는 무엇을 하고 있을까?', '미래의 내가 지금의 나를 보면 뭐라고 할까?'라고 상상해본 적 있나요?

윈스턴 처칠은 "과거를 돌아보되, 미래를 향해 걸어가라."라고 했어요. 타임캡슐은 바로 현재의 나와 미래의 나를 연결하는 짜릿한 시간 여행 도구예요.

왜 타임캡슐을 만들어야 할까요?

　타임캡슐은 단순히 물건을 담아두는 것이 아니에요. 현재 의미 있다고 생각하는 것들을 담아둔 후 미래의 내가 열어보는 마법 상자예요.

　미래에 이것을 열어보면서 "내가 과거에 이랬었구나!" 하고 놀랄 수 있어요. 과거의 꿈과 희망이 미래에 어떻게 반영되어 나타났는지도 확인할 수 있고요.

어떻게 타임캡슐을 만들까요?

1단계. 캡슐 고르기

　튼튼한 상자나 플라스틱 통을 추천해요. 눈, 비 오는 날에도 무사히 버틸 수 있도록 방수가 되면 더 좋겠죠.

　귀여운 금속 케이스나 빈 과자통도 좋고, 시중에 판매하는 예쁘고 튼튼한 상자도 괜찮아요. 상자의 크기는 너무 작지 않은 것으로 하세요.

2단계. 담을 것 정하기

　'미래의 내가 보면 진짜 놀랄 만한 것'을 담는 것이 핵심이에요.

　편지: 지금의 나에게 하고 싶은 말이나, 미래의 나에게 기대하는 것을 적어보세요. '나는 10년 후에 사람들을 웃겨주는 재미있는 사람이 되어 있을 것이다!' 같은 꿈과 바람을 생생하게 담아서 기록하

세요.

물건: 추억으로 남기고 싶은 물건들, 성적표, 즐겨 듣는 노래를 담은 USB, 일기장, 좋아하는 키링, 편의점 영수증, 더 이상 입을 수 없는 어린 시절 최애 옷 등을 담아요.

사진: 디지털 사진은 인화해야겠죠? 지금 친구들과 찍은 사진이나, 기념이 될 만한 가족과의 사진을 넣어두면 감동이 훨씬 커져요.

리스트: 2025년 내가 가장 좋아했던 노래 톱 10, 중학생 때 가장 좋아했던 드라마, 연예인, 음식, 게임 리스트 등 모두 좋아요.

3단계. 개봉 날짜 정하기

언제 열어볼지도 정하세요. 5년 뒤? 고등학교 졸업할 때? 대학생이 되면? 결혼할 때? 적어도 3년은 기다릴 수 있게 날짜를 잡는 것이 좋아요.

4단계. 장소 정하기

상자에 '타임캡슐 절대 열지 마시오!'라고 써서 옷장 깊숙한 곳에 숨겨두세요. 친구들과 함께하는 타임캡슐이라면 한 명씩 돌아가면서 보관해도 돼요.

타임캡슐 만들기의 꿀잼 포인트!

1. 친구들과 같이 하면 더 재미있어요

혼자 하는 것도 좋지만 친구들과 함께 하면 설렘이 커져요. 미래의 나에 대한 서로의 기대감이 어떻게 반영될지도 몹시 궁금해지겠죠?

2. 미래를 생생하게 상상해보세요

'나는 5년 뒤에 키가 10cm 더 커 있을 거야', '멋진 사람과 결혼해서 행복하게 살고 있을 거야', '첫 출간한 책이 베스트셀러가 되어서 바쁘게 지낼 거 같아' 같은 상상을 적어두는 것만으로도 무척 재미있어요.

3. 나중에 찾아보는 재미가 있어요

몇 년 뒤에 발견하면 "내가 이런 것을 썼다고?!" 하며 놀랄지도 몰라요. 이것이 바로 타임캡슐의 묘미예요!

이 도전을 통해 얻을 수 있는 것들

- 미래에 대한 구체적인 상상을 해볼 수 있어요.
- 현재의 나를 객관적으로 바라볼 수 있어요.
- 꿈과 목표가 더 구체화돼요.
- 특별한 추억을 만들 수 있어요.
- 미래의 나에게 줄 선물을 준비할 수 있어요.

타임캡슐에는 재미와 감동이 있어요. 개봉 순간 울컥할지도 몰라요. 아님 "정말 쓸데없는 고민이었어. 그땐 왜 그리 심각했지?" 할지도 몰라요.

　지금 당장 여러분만의 특별한 추억을 만들어 보세요. 미래의 나에게 큰 웃음과 응원, 감동과 행복을 신사하게 될 거예요.

맨발로 황토길 걸어보기

난이도 ★★☆☆☆ | 예상 소요시간 반나절

[연계] 초2 바른생활(자연) · 초3·4 도덕(자연과의 관계)

여러분도 이런 생각을 해본 적이 있나요?

'왜 멀쩡한 신발을 놔두고 맨발로 걷죠?'라고 생각할 지 모르겠어요. 일단 한 번 걸어보면 알게 돼요. 열린 마음으로 새로운 것에 도전해보는 것은 그 자체로 큰 의미가 있어요.

스콧 마머데이는 "대지는 우리가 맨발로 걸을 때 가장 깊게 말을 건다."라고 했어요. 자연을 걸을 때 우리는 삶의 본질과 만날 수 있어요.

왜 맨발로 걸어야 할까요?

관점 디자이너 박용후 작가는 새로운 관점이 필요하다고 강조해요. 관점을 바꾸면 안 보이던 것들이 보이기 시작해요. 신발을 당연히 신어야 한다고 생각했는데 꼭 그렇지 않을 수도 있다는 거죠.

아주 오래전 인류에게는 신발이라는 것이 없었어요. 그러므로 신발 없이 맨발로 걸어봐야 그 시대의 삶이 어떤 것이었는지 제대로 알 수 있어요. 신발의 고마움도 깨달을 수 있고요.

맨발 걷기의 놀라운 효과

요즘 굳이 신발을 벗고 맨발로 걷는 사람들이 많아진 것 같아요. 물론 안전한 둘레길이나 황토길에서요.

맨발 걷기는 KBS 생로병사에도 여러 차례 방영된 바 있어요. 고칠 수 없었던 질병들이 낫게 되는 기적적인 이야기들도 제법 많아요. 그만큼 건강에 큰 도움이 된다는 거예요.

학자들에 의하면 이것을 접지효과라고 해요. 음이온이 몸 안으로 많이 유입되기 때문에 몸 안에 있던 활성산소가 제거된다는 거죠.

맨발 걷기 체험하기

1단계. 안전한 장소 찾기

주위를 둘러보면 맨발로 걸을 수 있는 황토길이 생각보다 많아요. 공원의 둘레길이나 등산로 입구의 황토길을 찾아보세요.

2단계. 천천히 시작하기

처음에는 짧은 거리부터 시작하세요. 발이 아프지 않을 정도로 천천히 걸어보는 거예요.

3단계. 감각에 집중하기

발이 흙에 닿는 순간 느껴지는 자유함, 상쾌함을 느껴보세요. 특히 발이 촉촉한 땅과 닿을 때의 그 짜릿함은 온몸을 전율케 할 정도예요.

4단계. 자연과 하나 되기

신발을 벗으면 일단 기분이 좋아져요. 어린 시절의 동심을 느끼기도 하고, 마치 자연인이 된 느낌이에요.

이 도전을 통해 얻을 수 있는 것들

- 자연과의 특별한 교감을 경험해요.
- 몸과 마음이 리셋되는 힐링을 느껴요.

- 새로운 관점으로 세상을 바라볼 수 있어요.

- 건강에 도움이 되는 자연 치유를 경험해요.

- 어린 시절의 순수한 감성을 되찾아요.

맨발 걷기를 하면 아토피 질환도 개선되고, 피부도 좋아져요. 여드름 치료에도 도움이 되고, 잠도 훨씬 잘 자게 돼요.

청소년기에는 가급적 이런 자연과의 추억이 많아야 해요. 한 번의 맨발 걷기 체험이 엄청난 변화를 이끈다고 생각하지는 않아요. 하지만 이런 한 번의 경험 없이 많은 변화를 기대할 수도 없는 거예요.

혹시 아나요? 이후로 여러분의 행복세포가 깨어나서 전과는 차원이 다른 건강한 삶을 살게 될지요.

전통시장 제대로 맛보기

도전 21

....

난이도 ★★☆☆☆ | **예상 소요시간** 반나절

[연계] 초3 사회(경제활동) · 중 일반사회(경제생활)

여러분에게 전통시장은 어떤 느낌의 장소인가요?

....

　어른들만 가는 올드한 곳? 물론 옛날 느낌을 지울 수는 없지만 아주 색다른 곳이에요. 레트로 감성을 물씬 느낄 수 있는 곳이기도 하고요.

　요즘 광장시장, 남대문시장, 경동시장, 통인시장 같은 곳은 외국인들에게 아주 핫한 글로벌 여행지가 되고 있어요. 특히 광장시장은 다양한 길거리 음식으로 외국인들에게 인기예요.

왜 전통시장을 가봐야 할까요?

전통시장은 생생한 삶의 체험 현장이에요. 일단 에너지가 넘쳐요. 사람들의 활기찬 움직임, 유쾌한 웃음소리가 가득하고, 후각을 자극하는 맛있는 음식까지 있어요.

전통시장에서 무엇을 경험할 수 있을까요?

1단계. 삶의 에너지가 가득한 곳

김이 모락모락 나는 떡볶이를 뒤적뒤적 하는 아주머니의 웃는 모습, "물 좋은 고등어가 최저가!"를 외치는 생선가게 사장님의 힘찬 목소리, 채소를 손질하며 손님을 부르는 할머니의 친근한 미소를 엿볼 수 있어요.

특히 상인과 손님이 가격을 흥정하는 모습은 일반 마트나 백화점에서 볼 수 없는 광경이에요. 좋은 가격으로 팔고 싶은 상인과 한 푼이라도 깎고 싶은 손님 사이의 기싸움은 참 재미있어요.

단골에게 베푸는 특별한 인심도 느낄 수 있는 곳이죠. 대를 이어 가업을 잇고 있는 상점도 제법 눈에 띄어요.

2단계. 가성비 최고의 행복한 쇼핑 천국

기분이 우울할 때 친구와 함께 전통시장 쇼핑을 해보세요. 마음껏 쇼핑하다 보면 우울감은 어디론가 날아가고 없어요.

'천 원짜리로 행복해지기 미션'도 해보세요. 달달한 꿀호떡 한 입에서 느껴지는 행복감, 따뜻한 군밤을 나눠 먹으며 느끼는 온기, 바삭한 튀김을 한 입 물어 맛보는 즐거움까지.

먹거리뿐만 아니라 특색 있는 상품들도 아주 많아요. 저렴한 가격과 푸짐한 양, 그리고 따뜻한 정까지 느낄 수 있는 행복한 쇼핑 천국이 바로 전통시장이랍니다.

3단계. 추억이 되는 사진 한 장

전통시장은 과거와 현재가 공존하는 특별한 장소예요. 대형마트나 쇼핑몰에서 느낄 수 없는 독특한 매력이 있어요.

노릇노릇 구워지는 빈대떡 앞에서 찰칵, 떡볶이 한 접시 들고 친구들과 찰칵, 포장마차 조명이 만들어내는 독특한 분위기를 배경으로 한 컷. 사진 한 장에 담긴 시장의 생동감은 두고두고 보며 감상하는 소중한 추억이 될 거예요.

이 도전을 통해 얻을 수 있는 것들

- 생생한 삶의 에너지를 체험해요.
- 가성비 좋은 맛있는 음식을 즐겨요.
- 레트로 감성과 추억을 만들어요.
- 사람들의 따뜻한 정을 느껴요.
- 특별한 포토존에서 인생샷을 남겨요.

전통시장은 단순히 물건을 사고파는 공간 그 이상이에요. 그곳은 열심히 살아가는 사람들의 이야기로 가득해요. 지친 마음을 달래주는 따뜻한 에너지가 있고, 삶의 활력을 되찾게 해주는 마법 같은 곳이에요.

혹시 우울하거나 삶이 따분하게 느껴질 때, 전통시장으로 발걸음을 옮겨보세요. 그곳에서 극적으로 재충전되는 놀라운 일들이 일어날 거예요.

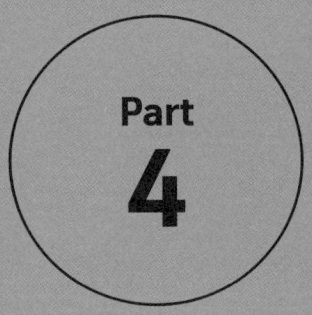

Part
4

"성장하는 나"

− 성장과 습관 만들기 −

"여러분의 성장은 부모님에게 최고의 기쁨이에요. 여러분 스스로에게도 나의 성장은 최고의 행복이죠. 이번에는 이를 위한 최고의 습관을 만들어 보아요."

10대만 가능한
31가지 도전

한 달 동안 '두 줄 일기' 쓰기

난이도 ★★☆☆☆ | 예상 소요시간 1개월

[연계] 초2 국어(쓰기) · 초1·2 국어(겪은 일) · 초6 국어(겪은 일 쓰기) · 초6 도덕(성찰)

여러분도 이런 생각을 해본 적이 있나요?

'일기 쓰기는 너무 귀찮아', '매일 무엇을 써야 할지 모르겠어.' 하고 생각해본 적 있나요?

어니스트 헤밍웨이는 "짧게 쓰는 것이 곧 깊게 쓰는 것이다."라고 했어요. 두줄일기는 바로 이런 철학에서 시작된 거예요.

왜 두줄일기를 써야 할까요?

작은 성공경험이 나를 큰 세계로 이끌어 줘요. 두 줄을 쓰는 것은 아주 쉬워요. 아주 시시해 보일 정도죠. 하지만 이런 작은 성공경험이 여러분에게 자기 효능감을 줄 거예요.

사실 여러분 안에는 온갖 재능들이 아우성을 치고 있어요. 다만 밖으로 끄집어내지 못해서 안 보일 뿐이죠. 작은 성공경험을 맛보면 그 맛을 쉽게 잊을 수가 없어요.

두줄일기로 무엇을 얻을 수 있을까요?

1단계. 마음속 쓰레기 비우기

화나고 속상하고 막 우울한 날 있죠? 친구랑 싸웠다든지, 시험을 망쳤다든지, 짝사랑이 잘 안 된다든지. 이럴 때 그냥 혼자 끙끙대며 고민만 하면 정말 속 터져요.

그런데 일기에 그것을 다 써보는 거예요. 두 줄만 쓰면 되는 것이니 전혀 부담이 안 될 거예요. 욕을 쓰든, 감정을 쏟아내든 상관없어요. 신기하게도 글로 쓰다 보면 마음속 쓰레기들이 깨끗이 정리가 돼요.

2단계. 소소한 순간을 아름답게 빛내는 마법

대부분 "오늘 뭐 했어?"라고 하면 "별거 없었다"고들 말해요. 그런데 그 별거 없었던 하루가 일기 속에서는 마치 영화의 한 장면처럼 빛날 수 있어요.

예를 들어 이렇게 두 줄로 써보는 거예요.

'오늘 친구랑 떡볶이를 먹으러 갔는데, 내가 너무 매운 걸 시켜서 둘 다 울었다. 결국 울다가 웃다가 정신이 없었다.'

이런 기록이 있다면, 먼 훗날 그날의 일을 떠올리며 웃을 수 있어요. 두줄일기는 평범한 순간을 나만의 특별한 이야기가 되게 하는 마법이에요.

3단계. 내가 나를 만나는 만남의 장소

10년 뒤, 여러분의 지금은 완전 과거가 돼요. 지금 이 순간을 생생하게 기억하고 싶을 수 있어요. 희미한 여러분의 기억력은 대부분 무용지물이 되고 말죠.

오직 지금 기록하는 두줄일기는 강력한 근거자료가 될 수 있어요.

'내가 이런 것을 고민했었구나.', '이 노래에 빠져 있었네?', '이때 진짜 재미있었는데!'

일기는 여러분의 삶의 발자취가 되고, 현재의 내가 과거의 나를 만나 대화하는 만남의 장소가 돼요.

4단계. 머릿속 복잡한 생각이 정리돼요

시험 공부, 진로 고민, 친구 관계 등 십 대는 생각이 정말 많은 것 같아요. 머릿속에서 이리저리 떠다니는 생각들을 글로 적다 보면 마치 퍼즐이 맞춰지듯 착착 연결이 되면서 결국 차분해지는 놀라운 일이 생겨요.

생각지도 못했던 깨달음을 얻기도 하고, 나도 몰랐던 나의 진짜 마음을 알게 되는 것은 덤이죠!

이 도전을 통해 얻을 수 있는 것들

- 꾸준함의 힘을 경험해요.
- 자기 성찰 능력이 생겨요.
- 감정 정리 능력이 향상돼요.
- 글쓰기 실력이 늘어나요.
- 소중한 추억을 기록할 수 있어요.

솔직히 무언가를 매일 꾸준히 한다는 것, 생각보다 어려운 일이에요. 그런데 두줄일기는 전혀 어렵지 않아요. 만만해 보이거든요. 진입 장벽이 낮아요.

혹시 하루를 빼먹더라도 아주 우습게 만회할 수 있어요. 네 줄을 쓰면 되거든요. 이렇게 한 달만 써보세요.

완성된 두줄일기장을 보면 내 자신이 좀 멋져 보이기까지 해요.

"내가 이렇게 성실한 사람이었나!", "이 모든 것을 내가 했단 말인가!"

한 번 도전해보세요. 몰입해서 한 달을 기록하는 경험! 나의 일상과 생각과 마음을 마음껏 표현해보세요. 그냥 오늘 있었던 웃겼던 일도 좋고, 아무렇게나 떠오르는 생각도 다 좋아요.

그림을 그리고, 스티커를 붙이고, 사진을 넣어 꾸미는 것도 물론 오케이! 나의 삶이 나만의 특별한 이야기로 탄생하는 마법 같은 경험을 하게 될 거예요.

감사 제목 쓰기

난이도 ★ ★ ☆ ☆ ☆ | **예상 소요시간** 1일

[연계] 초1 바른생활(하루) · 초3 국어(의견·까닭)

여러분도 이런 속담을 들어본 적이 있나요?

'은혜는 물에 새기고 원수는 돌에 새긴다.'

이런 속담까지 있을 정도면 우리도 이렇게 살고 있을 확률이 높지 않을까요? 그런데 이유가 궁금해요. 우리의 마음은 왜 이런 식으로 작동하게 되는 것일까요?

원수를 돌에 새기는 것은 그럴 수 있어요. 워낙 마음에 한이 맺히니까 돌에 새겨놓고 절대 잊지 않으려 하는 것이겠죠? 다시는 그런 힘

든 일을 겪지 않으려는 몸부림이에요.

문제는 은혜 받은 것에 대한 것이에요. 은혜를 물에 새긴다고요? 왜요? 은혜야말로 오래 기억하며 감사해야 하는 것 아닌가요!

왜 감사 제목 쓰기를 해야 할까요?

인간의 마음은 참 오묘해요. 은혜를 받은 순간은 영원히 감사할 것만 같지만 시간이 흐를수록 흐지부지 돼요. 대가 없이 거저 받은 혜택이라서 쉽게 잊혀지는 경향이 있어요.

이런 식으로 받는 것에 익숙해진 사람은 한 가지 뚜렷한 특징이 있어요. 감사가 부족하다는 거예요.

요즘 모든 것이 풍요로워요. 그래서 부족함을 모르고 성장하는 경우가 많은 것 같아요. 하지만 정작 부족해지거나, 없어보면 달라져요. 건강을 잃어본 사람은 건강이 얼마나 소중한지 알죠. 부모님을 잃어보면 그 빈 자리가 얼마나 소중한 것이었는지 비로소 깨닫게 돼요.

감사 제목 쓰기로 무엇을 얻을 수 있을까요?

받은 은혜가 쉽게 잊혀지는 것을 '은혜 망각증'이라고 해요. 이것을 치료할 수 있는 방법이 있다고 해요. 은혜가 더욱 은혜가 되고, 행복이 더 큰 행복이 될 수 있는 방법이 바로 감사 쓰기예요.

1단계. 감사의 바다로 풍덩 뛰어들기

복잡하게 생각하지 말고 그냥 써보는 거예요. 은혜는 물에 새기는 것이 아니라 노트에 새기는 것이랍니다.

아예 하루 작정을 하고 감사 제목을 쭈욱 찾아보는 것을 추천해요. 오직 감사만 생각하는 거죠. 아예 감사의 세계, 감사의 바다로 풍덩 뛰어드는 거예요.

2단계. 사소한 감사 제목들 찾아보기

거창한 것 말고도 사소한 감사 제목들은 얼마든지 있어요.
예를 들어볼게요.

- 삼시세끼 배불리 먹을 수 있어 감사합니다.
- 계절에 맞는 옷들을 주셔서 감사합니다.
- 깨끗한 물을 마음껏 마실 수 있어서 감사합니다.
- 나를 사랑해주고 아껴주는 가족이 있다는 것에 감사합니다.
- 마음껏 걷고 뛸 수 있어 감사합니다.

3단계. 감사의 힘 경험하기

이렇게 제대로 감사를 해본 사람은 의식적으로 감사거리를 찾게 되고 실제 감사하는 생활을 하게 돼요.

감사는 아주 힘이 있어요. 인간적으로 슬픈 상황, 실패의 상황에서도 감사는 멈추지 않아요. 찾고자만 한다면 언제든 감사할 것들이 있기 때문이에요.

하나둘 찾다 보면 상황이 반전되는 경우도 많아요. "천만다행이

10대에 꼭 해야 할 31가지 도전

다!" 고백이 절로 흘러나와요. 왠지 항상 희망을 생각할 수 있을 것만 같은 긍정의 마음이 싹트지요.

이 도전을 통해 얻을 수 있는 것들

- 긍정적인 마음가짐이 생겨요.
- 작은 것에도 감사할 줄 아는 마음이 생겨요.
- 힘든 상황에서도 희망을 찾는 능력이 생겨요.
- 얼굴이 환해지고 긍정적인 말과 행동을 하게 돼요.
- 삶을 더 소중하게 여기게 돼요.

나의 마음은 그 누구도 어찌할 수 없는 나만의 것이에요. 내 마음의 주인으로서 조금 더 주도적일 필요가 있어요.

감사 쓰기는 내 삶을 진지하게 살피도록 해요. 언제 어디서나 누구나 긍정적이고 도전적이며 미래지향적인 삶을 살도록 이끌어 줘요.

단지 눈을 크게 뜨고, 주의를 기울여서 내게 이미 와 있는 또는 오고 있는 감사거리들을 마음껏 찾아보면 좋겠어요.

작정하고 하루 5개씩 감사 제목을 꾸준히 찾아보는 것도 좋아요. 하지만 우리의 뇌는 더 강렬함을 원하는 것 같아요. 감사노트를 준비해서 하루 종일 생각하고 기록하는 것을 반복해보세요.

하루가 힘들면 1시간 동안 감사만 해보는 것도 좋아요. 생각만 해도 힘이 나지 않나요?

도전 24

정말 싫은 습관
한 가지 고치기

난이도 ★★★★☆ | 예상 소요시간 1일

[연계] 초6 도덕(자기주도) · 초중고 창의적 체험활동(진로)

여러분도 이런 고민을 해본 적이 있나요?

'이 습관 정말 싫은데 왜 계속 하게 되지?'라고 생각해본 적 있나요?

나쁜 습관은 마치 나의 발목을 잡는 족쇄와도 같아요. 나는 열심히 하려고 하는데 그런 나의 발목을 잡거든요. 때로는 결정적인 실패의 원인이 되기도 해요.

그런데 좋은 소식이 있어요. 나쁜 습관을 고칠 수 있다고 해요. 물론 하루아침에 해결되진 않겠죠? 하지만 천천히, 확실히 바꿀 수 있다고 해요.

나의 싫은 습관, 무엇이 있을까요?

솔직하게 생각해보세요. 대표적으로 미루는 습관이 있어요. 늦잠 자고 늦게 일어나서 허겁지겁 등교하는 습관도 좋지 않아요. 남탓하는 습관, 야식 먹는 습관, 화장실에서 볼일 보고 나서 물 안 내리는 습관(이런 습관은 진짜 가족들이 싫어할 거예요!)…

싫은 습관 고치는 6단계

1단계. 싫은 이유 찾기

이 습관이 왜 싫은지를 구체적으로 생각해보고 체크하세요.

예: 미루는 습관

☐ 숙제를 미루다 보면 더 하기 싫어진다.

☐ 미루다가 결국 못하게 되는 경우가 많다.

☐ 억지로 해야 하는 것이 엄청 스트레스다.

☐ 미루는 습관을 멈출 수가 없다.

☐ 결과가 안 좋으면 더 자괴감이 든다.

이처럼, 그 습관이 내 삶에 어떻게 부정적인 영향을 미치고 있는지 스스로 이해할 수 있어야 해요.

2단계. 뚜렷한 목표 세우기

'앞으론 절대, 결단코, NEVER 안 미룰 거야!'라는 추상적인 목표 말고, 구체적인 목표가 필요해요.

- 시작이 반이라는 생각으로 일단 지금 당장 시작하겠다.
- 주어진 과제는 매일 30분씩 나누어서 하겠다.
- 최소 하루 전에는 무슨 일이 있어도 끝마치겠다.

목표가 구체적이면, 실행도 쉽고 포기할 확률은 줄어들어요.

3단계. 원인 찾기

원인 없는 결과는 없어요. 그럼 왜 나쁜 습관을 반복하는지 원인을 파악해야겠죠?

숙제가 많을 때 '스트레스' 때문에 스마트폰만 만지다가 결국 뒷전이 될 수 있어요. 이 경우 스트레스가 주된 원인이라는 것을 알 수 있어요.

미루는 이유가 '귀찮이즘' 때문일 수도 있어요. 매사에 귀찮은 거죠. 또는 왜 해야 하는지 동기가 부족할 수도 있어요.

4단계. 작은 행동부터 시작하기

단기간에 습관을 고치려고 하면 실패하기 쉬워요. 천리 길도 한 걸음부터라는 말도 있잖아요. 그러니 조금씩 작게 시작해보는 것을 추천해요.

작은 성공을 경험하다 보면 점점 더 큰 변화를 만들어낼 수 있으니까요. 예를 들어, 하루 5분 운동하기, 하루 5분 책상에 앉아있기 등.

아주 쉽죠? 만만하죠?

5단계. 보상시스템 만들기

목표를 달성하면 그에 맞는 보상이 필요해요. 그렇지 않으면 우리의 인내심은 쉽게 바닥이 나곤 해요.

스스로를 보상하는 '보상 시스템'을 만들어 보세요! 스스로에게 자유시간을 준다든지, 맛있는 것을 먹거나, 갖고 싶은 것을 사거나. 이런 보상은 성취감을 높이고 계속 도전할 수 있는 힘을 줘요.

6단계. 실패 관리하기

실패했다고 해서 좌절하지는 마세요. 왜 실패했는지 분석하고 다시 도전하면 되거든요.

"이번에 숙제를 제때 못한 것은 너무 피곤했기 때문이야. 다음엔 컨디션 관리를 잘해야겠어!" 이 정도면 충분해요. 원인 분석 후 다시 도전하면 돼요.

이 도전을 통해 얻을 수 있는 것들

- 자신감이 UP 돼요.
- 스트레스가 DOWN 돼요.
- 삶의 질이 UP 돼요.
- 하루하루가 더 행복해져요.

- 자기 통제력이 향상돼요.

나쁜 습관 하나만 고쳐도 우리의 삶에는 엄청난 변화가 시작돼요. 그러므로 지금 시작해보세요. 한 번에 하나씩. 너무 많은 것을 고치려 하기보다는 딱 하나! 진짜 싫은 습관 하나를 정해서 시작해보세요.

오늘이 그 역사적인 첫날이 될 수 있어요.

스피치 능력 키우기

난이도 ★☆☆☆☆ | **예상 소요시간** 2주일

연계 초3·4 국어(발표) · 초6 국어(효과적 발표)

여러분도 이런 경험을 해본 적이 있나요?

'발표할 때마다 떨려서 말이 안 나와.', '사람들 앞에서 말하는 것이 너무 무서워.'라고 생각해본 적 있나요?

오늘날은 스피치 능력이 아주 중요한 시대예요. 예능 프로그램을 봐도 주고받는 스피치가 중요하죠. 유튜브를 찍더라도 스피치 능력은 기본이에요. 상황에 따라 말하는 분위기와 속도와 어휘 등이 많이 달라져요.

다양한 상황들을 이해하고 이야깃거리를 만들어서 자유자재로 활용할 수 있는 능력이 필요해요. 모두가 다 유재석처럼 유능하게 말할 수 있다면 얼마나 좋을까요? 하지만 그도 처음부터 잘했던 것은 아니에요. 수많은 시행착오를 경험하면서 실력이 탄탄해진 결과라고 해요.

왜 스피치 능력이 중요할까요?

학교에서는 수업시간에 발표의 기회들이 자주 있죠? 너무 자주라고요? 잦은 발표 기회가 부담이 되기도 해요. 천부적인 입담을 가진 사람도 있지만 그 반대의 경우들도 있는 거니까요.

사실 가정에서 가족들과 나누는 일상의 대화들이 큰 도움이 된다고 생각해요. 하지만 이미 굳어진 가족관계와 분위기를 바꾼다는 것은 쉽지 않아요. 그러므로 스스로 개인적인 발전을 위해 열심히 노력해야 하겠어요.

그럼, 스피치 학원이라도 다녀야 하는 것일까요? 물론 절실함이 있다면 다녀보는 것도 나쁘지 않아요. 하지만 그것보다는 학생들에게 주어지는 스피치의 기회들을 적절하게 활용하는 것이 좋아요. 이것을 잘 활용하기만 해도 큰 발전을 기대할 수 있으니까요.

10대에 꼭 해야 할 31가지 도전

스피치 능력 키우는 5단계

1단계. 다양한 경험 쌓기

중학교 시절 영어 말하기 대회에 참가한 경험이 있어요. 사실 우리 반에 참가자가 없어서 반장이었던 제가 나갈 수밖에 없었죠. 한국말로 말하는 것도 쉽지 않은데 영어라니요.

기본은 영어 본문을 암송하는 것이었어요. 그것을 전교생 앞에서 말하는 것이니 얼마나 떨렸을까요? 외우고 또 외우고... 앞에 사람들이 있다고 생각하며 수없이 반복했죠.

2단계. 실전 경험하기

이제 대회 당일이 되었어요. 전교생이 강당에 모여있었어요. 지켜보는 많은 군중들을 보니 심장은 걷잡을 수 없이 뛰었어요. 제 차례가 되었어요.

출발은 좋았어요. 발음도 만족스러웠고, 목소리도 떨림 없이 제법 자신감이 느껴졌어요. 심지어 청중들과 아이컨택을 하면서 그들의 표정까지 읽고 있었어요. 참 신기했어요. 자신감이 뿜뿜 올라오는 느낌이었답니다.

3단계. 위기 극복하기

그러나… 위기는 한 순간이었어요. 잠시 방심한 사이 갑자기 머릿

속이 하얗게 되어 마치 필름이 끊긴 것처럼 되었어요. 그야말로 멘붕이었지요. 다행히도 작은 기억의 파편들 덕분에 겨우겨우 마무리할 수 있었어요.

천국과 지옥을 동시에 맛본 느낌이랄까요? 제 얼굴은 시뻘겋게 달아올라 화끈거렸고 두 손은 식은땀으로 흥건했어요. 창피하기도 하고, 한편 자랑스러운 것 같기도 했어요.

4단계. 경험을 자산으로 만들기

그래도 나쁘지는 않았던 것 같아요. 어쨌든 입상은 할 수 있었거든요. 완벽하지는 않았지만 그래도 자신에게서 가능성을 보았으니까요.

이 경험은 개인적으로 큰 자산이 되었어요. 도전해본 사람만이 알 수 있는 소중한 경험이었어요. 저는 이때 '도전하면 있고 도전하지 않으면 없다!'는 것을 깨닫게 되었어요.

5단계. 주어진 기회 잘 활용하기

세바시(세상을 바꾸는 시간) 알죠? 많은 청중 앞에서 짧은 시간 동안 나만의 스피치를 하는 거예요. 대학교 1학년 때 세바시 형태의 스피치 기회가 있었어요.

다양한 에피소드를 예로 들어가며 자신을 소개하는 5-10분 가량의 스피치였어요. 교수님이 과제 형태로 제안하셨기 때문에 어쩔 수 없이 모두가 해야만 했어요.

타의든 자의든 이것도 나를 발전시키는 기회임에 틀림없었어요. 피할 수 없다면 즐기라는 말처럼 즐기고자 하니 오히려 즐겁게 준비할 수 있었어요.

스피치 실전 팁

첫째. 대본 작성하기

먼저 대본을 작성해보세요. 과거의 경험을 떠올리며 발표를 준비하는 거예요.

둘째. 녹음하기

대본을 보면서 실전처럼 연습하세요. 그것도 녹음해서 들어보세요.

셋째. 자신만의 능력 발견하기

딱딱한 분위기를 다소 부드럽게 하는 능력, 사람들의 주의집중을 잘 이끌어내는 능력, 아주 논리적이지도 않고 화끈하지도 않지만 전달력 있게 이야기를 풀어가는 능력 등 나만의 스피치능력을 탐색하세요.

여러분도 잘 알지 못했던 자신의 고유한 능력을 발견하는 소중한 기회가 될 거예요.

이 도전을 통해 얻을 수 있는 것들

- 사람들 앞에서 당당하게 말할 수 있어요.
- 자신감이 크게 향상돼요.
- 숨겨진 자신의 능력을 발견할 수 있어요.
- 발표에 대한 두려움이 줄어들어요.
- 소통 능력이 크게 향상돼요.

공개적인 스피치 기회는 분명 부담되는 것이 사실이에요. 하지만 나를 알아가고 나를 알리고 발전시킬 수 있는 큰 기회예요.

사람들 앞에서 당당하게 스피치할 수 있는 기회들을 적극 활용해 보기 바라요.

슬럼프에서 탈출하는
나만의 방법 찾기

난이도 ★★★☆☆ | **예상 소요시간 1주일**

[연계] 초6 도덕(자기주도)

여러분도 이런 경험을 해본 적이 있나요?

'잘하고 싶은데 마음처럼 안 돼.', '내가 왜 이러지?'라고 생각해본 적 있나요?

슬럼프는 자신이 하는 일들이 일시적으로 부진한 것을 의미해요. 슬럼프라는 말은 주로 유명 스포츠 선수에게 많이 쓰이는 것 같아요. "손흥민 선수가 요즘 슬럼프야.", "이정후 선수가 정말 잘했었는데 슬럼프 때문에 주춤하고 있어."

그러나 슬럼프는 누구에게나 존재하는 불편한 진실이에요. 누구나 한 번쯤은 경험해 봤을 것이고, 현재 경험하고 있거나, 미래에 경험하게 될 거예요.

슬럼프는 언제 나타날까요?

슬럼프는 유감스럽게도 아무 때나 예고 없이 올 때가 많아요. 잘하고 싶은데 마음처럼 안 돼고, 계속 기대에 못 미치는 결과를 마주하게 돼요.

그럼 아주 당황스럽겠죠? "내가 왜 이러지?"라며 답을 알 수 없는 답답한 질문을 스스로에게 하게 돼요. 하지만 그럴수록 더 답답해지곤 하죠. 그래서 의욕 상실에 빠지거나, 무기력해지기도 해요.

그런데 여기서 꼭 기억해야 할 것이 있어요. 슬럼프는 영원하지 않다는 거예요. 한 번 잘 이겨내기만 하면 그것은 평생 이기는 습관이 돼요.

슬럼프 탈출 6단계

1단계. 슬럼프 인정하기

"내가 지금 슬럼프구나!" 이렇게 인정하는 것이 시작이에요. 그런데 중요한 것은 절대 자기 자신을 비난하지 않는 것이에요.

'왜 이렇게 못해?', '다들 잘하는데 왜 나만 이래?'라는 생각도 금물이에요. 슬럼프는 누구나 겪는 것이기 때문이에요.

더 중요한 것은 슬럼프가 영원하지 않다는 사실을 아는 것이에요. 그러니 괜히 불안해하지 말고 내 안에 있는 회복탄력성을 믿고 잠시 멈추세요.

2단계. 원인 찾기

슬럼프의 원인을 알아야 거기서 탈출도 할 수 있어요. 많은 공부량? 수면 부족? 자신감 부족? 지나친 비교의식? 부담감?

솔직하게 자신과 대화하다 보면 그 원인이 무엇인지 알 수 있어요. 그것을 근거로 차근차근 분석해 보세요.

3단계. 다시 시작하기

슬럼프가 확인되고, 그 원인도 파악이 되었다면 다시 리셋하세요. 이번엔 거창한 목표 말고, 진짜 쉬운 것부터 해보는 거예요.

예를 들어, 책 읽기가 싫어졌다면 하루 딱 한 페이지만 읽어보는 것이에요. 그럼 부담 없이 성공할 수 있겠죠? 이렇게 작은 성공을 조금씩 쌓아가세요.

4단계. 쉬었다 하기

슬럼프는 일종의 몸과 마음이 보내는 경고예요. "나 좀 쉬고 싶어!"라고 신호를 보내는 거죠. 그러니 잠시 멈추고, 제대로 쉬어보세요.

물 많이 마시기, 햇빛 쬐면서 산책하기, 충분히 수면하기. 이렇게만

해도 몸과 마음은 꽤 회복된답니다.

환경을 바꿔보는 것도 좋아요. 공부 장소를 바꿔본다든지, 안 가본 장소를 탐방해보는 것도 기분 전환에 도움이 돼요.

5단계. 긍정적인 생각 훈련하기

슬럼프가 찾아올 때 우리는 당황하지 말고, 의도적으로 긍정적인 생각을 해야 해요.

'괜찮아, 이런 날도 있는 거지. 조금 쉬었다가 해보자.'

'항상 좋을 수만은 없어! 2보 전진을 위해 지금은 잠시 힘을 보충하자.'

'오히려 좋아! 서두르지 말고, 천천히 즐기면서 하자.'

'이 또한 지나가리라.'

오히려 긍정과 감사의 일기를 써보는 것도 좋아요. 오히려 좋았던 일을 한두 가지라도 꾸준히 적다 보면, 마음이 한결 긍정적으로 변해요.

6단계. 도움 요청하기

혼자서 해결하려고 애쓰지 말고, 주변에 도움을 요청하세요. 친구 또는 가족과 솔직하게 고민을 나누거나, 선생님이나 전문가의 조언을 들어보는 거예요.

이야기를 나누다 보면, 그 과정에서 예상치 못한 해결책을 찾을 수도 있어요. 도움을 구하는 것은 절대 부끄러운 일이 아니니까 당당하게 부탁해 보세요.

이 도전을 통해 얻을 수 있는 것들

- 회복탄력성이 생겨요.
- 자신을 돌아보고 성장할 수 있어요.
- 문제 해결 능력이 향상돼요.
- 정신적으로 더 강해져요.
- 평생 이기는 습관을 만들어요.

슬럼프는 분명 쉽지 않아요. 하지만 어떻게 보면 자신을 돌아보고 성장할 수 있는 절호의 기회예요. '내가 왜 이렇게 됐을까?', '앞으로 무엇을 더 잘해야 할까?'를 고민하면서 나를 더 잘 알게 되는 시간이 돼요.

슬럼프는 어떻게 대처하느냐에 따라 오히려 성장과 발전을 도모할 수도 있어요. 이렇듯 슬럼프는 무조건 나쁜 것만은 아니에요. 더 멋지게 다시 시작할 수 있는 발판이자 디딤돌인 거예요.

도전 27

마음으로 배우는 공부법 터득하기

난이도 ★★★★☆ | 예상 소요시간 1개월

[연계] 초2 바른생활(기억) · 초중고 창의적 체험활동(진로)

여러분도 이런 생각을 해본 적이 있나요?

'열심히 하는데 왜 성과가 안 나지?'라고 생각해본 적 있나요?

공부의 방법적 측면은 크게 두 가지가 있어요.

첫째, 마음도 없는데 어쩔 수 없이 그냥 하는 공부

둘째, 마음으로 하는 공부

무엇이 다른 것일까요? 공부는 결국 '마음'에 달려있다는 것이에요. 여기서 마음이 무엇이냐고 묻는다면? 쉽게 말하면 '스스로 즐겁게 몰입하는 행복한 마음'이에요.

왜 마음으로 배워야 할까요?

우리는 무엇인가 열심히만 하면 성취할 수 있다고 배웠고, 여러분도 그렇게 믿고 있죠? 하지만 '열심'만이 능사는 아니에요. 우리의 열심이 빛이 나도록 하는 무언가가 있어야 해요.

우리의 열심이 잘못 흘러가면 도리어 욕심이 되어 부작용을 일으키거든요. 욕심은 부릴수록 몸과 마음에는 잔뜩 힘이 들어가요. 자연스럽지 않은 몸과 마음의 상태로 인해 결국 일을 그르치게 되는 거죠.

그럼 왜 원치 않게 쓸데없이 힘이 들어가는 걸까요? 불안하기 때문이죠. 패배자가 되지 않을까, 실패하지는 않을까, 창피당하면 어쩌지? 이런 자신을 신뢰하지 못하는 마음이 결국 여유를 빼앗고 불안과 긴장을 일으켜서 잠재능력까지 차단시키는 거예요.

마음으로 배워서 성과를 나타내는 4단계

1단계. 목표 정하기
일단 분명한 목표가 필요해요. 내가 반드시 이루고자 하는 절실한 목표가 있어야 해요. 가급적 목표를 글로 써보면 목표가 선명해져요. 그래서 최대한 집중할 수 있어요.

'꼭, 반드시, 기필코, 언제까지' 등의 표현은 절실함을 더해줘요.

2단계. 성취할 수 있다는 믿음 갖기

자신의 잠재능력에 대한 신뢰의 단계예요. 신뢰가 확고할수록 성취는 더 쉬워져요. 이 또한 글로 쓰면 많은 도움이 돼요. 성취될 수밖에 없는 이유를 써봐도 좋아요.

'나는 성장하고 있으니 언젠가는 반드시 성취될 거야!'

'공부가 즐거운 것을 보니 나의 잠재능력이 점점 발휘되고 있는 것 같아!'

3단계. 방해물 제거하기

부정적인 것이 틈타지 않도록 하는 것이에요. 혹시 중간에 부정적인 것을 만나더라도 그것마저 인정하고 그냥 받아들이세요. 있는 모습 그대로를 인정하는 것은 무척 용기 있는 자세예요.

대신 자신을 신뢰하는 마음으로 이렇게 말하세요.

"괜찮아.", "그럴 수 있어.", "그래도 할 수 있어!", "곧 좋아질 거야.", "문제될 것 없어.", "오히려 좋아."

4단계. 다시 목표 도전하기

목표를 위해 "나는 무엇을 할 수 있을까?"를 생각하세요. 그리고 내가 할 수 있는 한 가지를 해보세요. 하루에 한 가지씩 실행하면서,

하루에 한 걸음씩 전진한다고 생각하세요.

목표를 향한 흔들림 없는 도전을 즐기세요. 결국 나의 목표는 성취될 수밖에 없어요.

이 도전을 통해 얻을 수 있는 것들

- 잠재력을 막는 방해물을 제거할 수 있어요.
- 자신의 잠재능력을 믿게 돼요.
- 무엇이든 더 쉽고, 빠르고, 재미있게 할 수 있어요.
- 내 때에 내가 원하는 모습으로 성취할 수 있어요.
- 공부가 즐거워져요.

이것이 바로 마음으로 배우는 공부법이에요. 마음으로 하면 내 때에 내가 원하는 모습으로 나만의 방법으로 성취되고야 말아요. 너무 멋지고 설레지 않나요?

쉽게 말해, 잠재력을 막는 방해물을 제거하는 것이에요. 잠재력이 잘 발휘될 수 있도록 스스로를 돕는 것이에요. 일단 자신의 잠재력을 믿어야 하겠죠? 자신을 신뢰하는 것이야말로 스스로를 돕는 최고의 방법이거든요.

가공식품 잠깐 끊어보기

난이도 ★★★★☆ | **예상 소요시간** 1개월

[연계] 초5 실과(균형 잡힌 식사)

여러분도 이런 생각을 해본 적이 있나요?

'우리가 하루에 몇 번이나 가공식품을 먹는지 생각해 본 적 있나요?'

우리집 냉장고에는 온갖 캔음료, 탄산음료, 주스, 냉동 피자, 냉동

만두들이 항시 대기 중이에요. 일반 가정에는 웬만하면 각종 라면과 과자와 초콜릿 등이 준비되어 있어요. 집 근처 편의점에만 가도 우리의 입맛을 자극하는 수많은 가공식품들이 즐비해요.

솔직히 말해서 가공식품은 너무 편하고 맛있어요. 그런데! 이 맛있는 친구들을 잠시만 끊어보자고 제안하는 거예요. 왜? 굳이? 지금부터 알아보도록 해요.

가공식품을 끊으면 무엇이 좋을까요?

1. 피부가 좋아져요

피부에서 반짝반짝 빛이 나요. 그래서 "너 피부 좋아졌다!"라는 말을 들을 수 있어요. 가공식품을 줄이면 기름지고 자극적인 음식들이 줄어드니까 당연히 피부 트러블도 확 줄어요. 여드름 퇴치에 매우 효과적이에요.

2. 활력과 에너지가 생겨요

가공식품을 많이 먹으면 왠지 나른하고 피곤해요. 그런데 진짜 신기하게도 자연식품으로 대체하면 몸이 훨씬 가벼워지고, 힘도 팍팍 나죠. 숙제, 시험 공부, 체육 시간까지! 에너지가 넘친다구요. 그토록 바라던 다이어트는 그냥 덤이에요.

가공식품 끊기 4단계

1단계. 나만의 자연식품 실험하기

가공식품 대신 집에서 간단하게 요리해보는 것도 재미있어요! 인스턴트라면 대신 유기농 건면으로 조리하는 된장라면 어때요? 좋아하는 채소를 넣어 볶음밥을 만들어 볼 수도 있겠어요. 탄산음료 대신 탄산수에 과일을 섞어보는 것도 좋은 시도예요.

내가 만든 음식은 더 애착이 가고 몸도 건강하게 하므로 가공식품 생각은 점점 안 날 거예요.

2단계. 냉장고 다이어트

일단 가공식품들이 가득한 냉장고를 정리해보세요. 냉동 피자 대신 생과일로, 탄산음료 대신 레몬즙을 넣은 상큼한 물로 대체하는 거예요. 냉장고가 건강해지면 자연스럽게 나도 건강해진답니다.

냉장고는 어디까지나 부모님의 영역이기 때문에 부모님의 협조가 절대적으로 필요해요. 제 생각엔 여러분이 이런 제안만 하면 협조는 아주 잘 되리라 확신해요.

3단계. 좋아하는 자연식품 찾기

가공식품을 끊기 위해서는 새로운 좋은 음식을 만나야 해요. 그래야 대체가 가능해요. 왠지 친구 사귀는 것과 비슷한 것 같아요.

우선 내가 좋아하는 자연식품을 찾아보세요! 포도나 바나나 같은 과일을 간식으로 먹어도 좋아요. 배가 고플 때는 빵 대신 고구마나 감자로 허기를 채울 수 있어요. 아보카도처럼 멋진(?) 음식에 도전하는 것은 아주 신박한 도전이에요.

4단계. 가공식품의 진실 마주하기

우리가 흔히 접하는 인스턴트, 패스트푸드는 왜 건강에 해로울까요? 가공식품에는 맛을 내기 위해 각종 화학첨가물, 방부제, 인공색소 등이 무분별하게 사용되기 때문이에요.

지나친 나트륨, 설탕 섭취는 고혈압, 당뇨, 비만 등의 성인병을 유발해요. 마트에 가면 가공식품의 뒷면 성분표를 꼭 읽어보세요. 설탕, 나트륨, 이름도 알기 힘든 성분들도 아주 많을 거예요. 대부분 인공적인 화학첨가물이에요.

이 도전을 통해 얻을 수 있는 것들

- 배 속이 편안해져요.
- 자연의 맛을 발견하게 돼요.
- 용돈이 절약돼요.
- 몸이 가벼워져요.
- 건강한 식습관이 생겨요.

물론 가공식품을 완전히 끊는 것은 쉽지 않아요. 그러니까 처음부터 너무 완벽하게 끊기보다는 하루 한 끼, 아니면 간식 한 번이라도 바꿔보는 것을 추천해요.

가끔 친구랑 편의점에 들러서 컵라면 하나 정도는 괜찮아요. 중요한 것은 내가 조금이라도 더 건강해지고자 하는 마음의 결심이에요.

10대에 꼭 해야 할 31가지 도전

장례 체험하기

난이도 ★★★★☆ | 예상 소요시간 반나절

[연계] 초3 도덕(생명) · 중 도덕(자기 성찰)

여러분도 이런 생각을 해본 적이 있나요?

'장례 체험'이란 말이 생소하지요?

쉽게 말하면, 진지하게 삶과 죽음을 생각해보는 것이에요. 죽음은 회피할 대상이 아니라 적극적으로 받아들여야 하는 현실이에요. 그런 의미에서 우리는 죽음을 눈앞에 둔 사람의 입장도 되어 보아야 해요.

영화 속에서 한 번쯤은 봤을 거예요. 사고를 당한 주인공이 빛나는 옷을 입고 하늘로 올라가거나, 하늘 위에서 숨진 자신을 내려다보는 장면 같은 거요.

장례 체험이 우리 삶에 주는 유익

1단계. '내가 갑자기 죽는다면?' 생각해보기

조금 무섭게 들릴 수도 있지만, 이것은 중요한 질문이에요. 만약 오늘 갑자기 내가 죽는다면, 무엇이 가장 아쉬울까요?

좋아하는 드라마를 끝까지 못 본 것? 짝사랑에게 고백을 못 한 것? 맛있는 치킨을 한 마리 더 못 먹은 것? 더 이상 사랑하는 가족을 볼 수 없다는 것도 몹시 아쉬워요.

이렇게 생각하다 보면 지금 당연하게 여기는 것들이 사실은 너무나 소중한 것이었음을 깨닫게 돼요.

2단계. '삶의 하이라이트' 떠올려보기

이제 본격적으로 여러분의 상상력을 발휘해 볼 시간이에요. 눈을 감고, 지금까지의 삶을 되돌아보세요. 가장 즐거웠던 순간? 내가 진짜 잘했다고 느꼈던 일? 누군가에게 칭찬받고 기뻤던 기억?

이처럼 삶의 하이라이트를 떠올리는 것은 마치 영화를 만드는 거랑 비슷해요. 내가 주인공인 영화의 하이라이트 장면을 떠올리는 거죠. 그러다 보면 "오, 내가 이런 것을 해냈었네?"라며 스스로를 칭찬하게 될지도 몰라요.

3단계. '내가 더 살고 싶은 이유' 찾아보기

장례 체험의 묘미는 죽음 이후를 상상하는 것이 아니라, 삶의 이유를 깨닫는 거예요.

'앞으로 더 많은 여행을 가고 싶어!', '내가 진짜 하고 싶은 건 그림 그리기인데, 아직 제대로 시작도 못 했어.', '언젠가 꼭 나만의 특이한 레시피로 음식을 만들어 보고 싶어!'

이렇게 죽음을 잠깐이나마 상상해보면 살아야 할 이유가 명확해져요.

4단계. 지금을 더 즐기기

장례 체험의 진짜 목적은 바로 이거예요. '죽음을 상상해보니, 살아 있는 지금 이 순간이 진짜 소중하구나!'라고 느끼는 거죠.

그래서 친구랑 더 많은 추억을 만들게 되고, 부모님께 뜬금없이 "사랑해요."라고 말하기도 하며, 좋아하는 일, 하고 싶은 일을 더 이상 미루지 않게 돼요.

이 도전을 통해 얻을 수 있는 것들

- 삶의 소중함을 깨닫게 돼요.
- 과거의 추억이 더 애틋해져요.
- 미래에 대한 기대감이 생겨요.
- 삶의 매 순간을 더 집중하게 돼요.

• 하루하루를 더 의미 있게 살게 돼요.

장례 체험은 사실 우리의 삶을 더 잘 살아내기 위한 연습이에요. '내가 곧 죽는다면 어떨지'를 상상하는 것만으로도 삶의 가치는 확 올라간다고 생각해요.

그럼 상상 속 장례 체험을 끝냈으니 이제 여러분 차례예요. 오늘 하루를 내 인생 최고의 하루로 만들어 보는 거예요. 더 많이 웃고, 사랑하고, 더 많이 도전하고, 감사하면서 만들어 보세요!

잊지 못할 자랑거리 만들어서
자신감 키우기

난이도 ★★★☆☆ | **예상 소요시간** 1개월

[연계] 초중고 창의적 체험활동(진로)

여러분도 이런 생각을 해본 적이 있나요?

자신감은 사실 별것이 아니에요.

내 안에 숨겨진 재능을 살짝 끄집어내기만 하면 만들 수 있어요. 즉, 재능이 발휘되도록 하면 자랑거리가 생기는 거예요. 이런 자랑거리는 우리의 자신감을 높여 줘요.

그런데 문제는 숨겨진 재능은 무엇이고, 무엇을 자랑해야 하는지 잘 모른다는 것이에요. 자랑거리 만들기의 핵심은 "내가 해냈다!", "이것을 내가 해내다니!" 같은 감탄을 자아내는 성취의 순간을 만드는 거예요.

자랑거리 만들기 4단계

1단계. 나의 재능을 파헤쳐 보자!

일단 자랑거리를 만들려면 내가 무엇을 잘하는지 알아야 해요. 그런데 여기서 오해하지 말아야 할 것이 있어요. '나는 잘하는 일이 없어'라고 생각하는 친구들 잘 들으세요! 그럴 리 없습니다!!

혹시라도 그렇게 생각하는 사람들이 있다면 자신이 평소에 재미있어 하는 것을 찾아 그것을 시작하면 돼요.

춤을 잘 춘다면, 유튜브 영상 조회수가 폭발할 만한 안무에 계속 도전해 보는 거예요! 영상제작에 흥미와 재능이 있다면 숏영상을 제작할 수 있어요. 손재주와 끈기가 있다면, 종이접기로 전설의 학 천 마리 접기를 해봐도 좋아요.

2단계. 목표 설정! 잊지 못할 '한 방' 준비하기

자랑거리가 너무 평범하면 안 되겠죠? 하지만 기준은 '나'예요. 나 자신에게 특별함이 느껴지는 것이라면 무조건 괜찮아요.

• 학급에서 최고의 패셔니스트라는 별명 들어보기

- 내가 만든 멋진 영상으로 사람들에게 기쁨 주기
- 기타로 멋진 노래 연주하기
- 가족모임에서 하모니카 공연하기
- 신기한 요가 동작으로 친구들에게 박수 받기

목표가 악기 연주라면 노래 한 곡을 완벽하게 연주할 수 있을 때까지 연습하세요. 나만의 주제곡을 만든다는 생각으로 반복하다 보면 조금씩 자신감이 붙을 거예요.

3단계. 연습, 연습 또 연습!

나만의 특별한 자랑거리는 하루아침에 생기지 않아요. 하지만 만들어가는 이 과정이 꽤 재미있다는 것을 기억하세요. 목표를 향해 가는 과정에서 이미 자신감을 맛볼 수 있어요.

예를 들어, 영상을 찍다가 엉망이 되어도 지금 뭔가를 해내고 있다는 만족감이 들 거예요. 실패한 영상조차도 나만의 흔적으로 남으니까요. 하지만 얼마든지 실패해도 괜찮아요!

4단계. 사람들 앞에서 뽐내기

이제 자랑할 준비가 됐다면, 가장 중요한 단계예요. 바로 사람들 앞에서 보여주기! 생일 파티나 학급 행사에서 살짝 내 개인기를 보여주세요. SNS에 올려도 좋아요.

유튜브 조회수가 단 몇 회라도 나온다면 이미 성공이에요. 관련 대회에 참여해보는 것도 추천해요.

이 도전을 통해 얻을 수 있는 것들

- 숨겨진 재능을 발견하게 돼요.

- 자신감이 크게 향상돼요.

- 자존감이 강해져요.

- 성취감을 맛볼 수 있어요.

- 나만의 특별한 무기가 생겨요.

사실 누구나 크고 작은 자랑거리가 있어요. 알게 모르게 사람들은 그 자랑거리를 통해 자신감을 얻곤 해요. 자랑거리는 단순한 '재미'를 넘어 여러분의 자존감을 강하게 만들어주는 비밀 무기예요.

이런 자랑거리를 만드는 것 자체도 중요하지만 이후에 그것을 갈고 닦는 것은 더 중요해요. 계속 발전시켜야 하는 것이지요. 그럼 더욱 멋지고 빛나는 나만의 특별한 것이 되는 거예요.

대표마음 만들기

난이도 ★★☆☆☆ | 예상 소요시간 1일

[연계] 초3 도덕(자아 탐색) · 초5 도덕(긍정적 생활)

여러분도 이런 경험을 해본 적이 있나요?

"대표마음을 뽑아 임명하세요! 대표마음으로 승부하세요!"

모든 일을 즐기는 마음이라면 단순하게 반복되는 일에서도 재미를 찾을 수 있어요. 사실 모든 일이 즐겁지만은 않아요. 사람에게는 방어기제라는 것이 있어서 원치 않는 일에 대해서는 회피반응을 하게 되죠.

하지만 여러분도 경험적으로 알 거예요. 싫다고 해서 피하기 시작하면 더 싫어진다는 것을요. 하지만 일단 맞서보면 어떤가요? 적극적으로 해보면 생각보다 나쁘지 않다는 것도 알게 돼요.

왜 대표마음이 필요할까요?

해보지도 않고 지레 겁먹고 부정하다 보면 그 무엇도 도전할 수 없어요. 결국 실패자의 길을 걸을 수밖에 없어요.

우리 마음은 쉽게 겁을 먹어요. 혹시 상처받지는 않을까? 창피하지 않을까? 남들이 이상하게 생각하지 않을까? 작은 두려움일지라도 관리하지 않으면 걷잡을 수 없게 돼요.

그러므로 우리 마음은 제대로 된 관리가 필요해요. 우리는 모두 마음의 정원사라고 생각해요. 필요 없는 나무의 잔가지들을 싹둑 잘라내듯이 두려움의 잔가지는 가차 없이 제거해야겠어요.

대표마음 만들기 과정

1단계. 마음 후보들 생각해보기

적극적인 마음, 긍정적인 마음, 열린 마음, 도전하는 마음, 모든 일을 즐기는 마음... 여러분은 어떤 마음을 선택할 것인가요?

2단계. 대표마음 선택하기

의도적으로 대표마음을 임명하는 거예요. 그 마음에 힘을 실어주는 것이에요. 여러 후보들 중에서 가장 나에게 필요하고, 가장 나답다고 생각하는 마음을 선택하세요.

3단계. 대표마음 임명장 만들기

선택한 마음을 공식적으로 임명하는 임명장을 만들어보세요. 이렇게 글로 써서 공식화하면 더욱 강력한 힘을 발휘해요.

대표마음 임명장 예시

이름: 모든 일을 즐기는 마음

위 마음은 단순 반복되는 일, 하찮게 보이는 일, 약간은 두려움이 드는 일에 굴하지 않고 모든 일에 마음을 다하여 도전함으로써 항상 행복과 재미를 찾는 모습이 타의 모범이 되므로 내 마음의 대표마음으로 임명합니다.

2025. 8. 28.

세상의 중심이요, 내 마음의 주인인 나 자신이 드림

이 도전을 통해 얻을 수 있는 것들

- 마음의 주인이 되어요.

- 두려움을 극복할 수 있어요.

- 모든 일에 적극적으로 임하게 돼요.

- 잠재된 능력이 발휘돼요.

- 인생이 더 즐거워져요.

좋은 마음과 태도가 좋은 노력을 낳고, 결국 기쁨을 낳는 법이에요. 여기서 '즐기고자 한다는 것"이 중요해요. 이것은 일종의 열린 마음이에요. 사실 모든 일은 마음 문제거든요.

우리 마음을 완벽하게 관리할 수는 없어요. 하지만 마음을 긍정적으로 이끌어줄 수는 있어요. 그래서 여러분에게 제안하는 바예요. 나의 대표마음을 뽑아보는 거죠.

나만의 대표마음 임명장도 만들어 보세요. 그리고 그 마음으로 모든 도전을 즐겁게 해나가세요!

31가지 도전을 마치며

축하합니다! 여러분은 지금까지 31가지의 멋진 도전을 함께 해왔어요. 어떠셨나요? 처음 시작할 때와 지금의 마음이 많이 달라졌을 것 같아요.

이 31가지 도전은 단순한 체험이 아니라 여러분의 인생을 더 풍요롭고 의미 있게 만들어주는 소중한 경험들이었어요. 새로운 취미를 찾고, 친구를 사귀고, 멘토를 만나고, 책을 읽고, 몰입을 경험하고... 하나하나가 모두 여러분을 성장시키는 계단이었죠.

때로는 쉬웠고, 때로는 어려웠을 거예요. 때로는 재미있었고, 지루하기도 했을거에요. 하지만 그 모든 과정이 여러분을 더 멋진 사람으로 만들어주었으리라 믿어요.

이제 이 책을 덮고 나면 진짜 도전이 시작돼요. 책에서 읽은 것들을 실제 삶에서 실천하는 것이죠. 31가지 도전 중에서 가장 마음에 드는 것부터 시작해보세요. 아니면 가장 쉬운 것부터 시작해도 좋아요.

중요한 것은 시작하는 것이에요. 그리고 포기하지 않는 것이에요. 실패해도 괜찮아요. 다시 시작하면 되니까요. 여러분에게는 무한한 가능성이 있어요.

이 책이 여러분의 인생에 작은 변화의 씨앗이 되기를 바라요. 그 씨앗이 자라서 큰 나무가 되고, 그 나무가 여러분의 삶을 더욱 아름답게 만들어주리라 확신해요.

여러분의 도전은 이제 시작이에요. 화이팅!

10대에 꼭 해야 할
31가지 도전

1판 1쇄 인쇄 2026년 3월 20일
1판 1쇄 발행 2026년 3월 25일

지은이 문중호
펴낸이 이윤규

펴낸곳 유아이북스
출판등록 2012년 4월 2일
주소 서울시 용산구 효창원로 64길 6
전화 (02) 704-2521
팩스 (02) 715-3536
이메일 uibooks@uibooks.co.kr

ISBN 979-11-6322-189-0 (43190)
값 15,000원